Gregor Schaefer

antipasti

Die 80 beliebtesten italienischen Vorspeisen

Hölker Verlag

Umschlagfoto:
Toskanischer Brotsalat
Rezept S. 13

5 4 3 2 1

ISBN 3-88117-673-X

Redaktion: Christiane Leesker
Gestaltung: Niels Bonnemeier
Foodfotos: Klaus Arras
(Aufnahmen auf Agfa Chrome RSX 100 II)
Fotoassistenz: Katia Briol
Foodstyling: Oliver Brachat
Sonstige Fotos: Klaus Arras, Christiane Leesker
© 2005 Verlag W. Hölker GmbH, Münster
www.hoelker-verlag.de
Alle Rechte vorbehalten, auch auszugsweise

Printed in Germany

inhalt

Vorwort 4 - 5

Einleitung 6 - 7

Antipasti freddi
Kalte Vorspeisen mit Gemüse & Käse 8 - 23

Antipasti freddi
Kalte Vorspeisen mit Fleisch & Fisch 24 - 43

Antipasti caldi
Warme Vorspeisen mit Gemüse & Käse 44 - 67

Antipasti caldi
Warme Vorspeisen mit Fleisch & Fisch 68 - 89

Register 90 - 93

Was wäre die italienische Küche ohne Antipasti?!

Ist es nicht der Anblick stolz präsentierter Platten und Schüsseln mit einer farbenfrohen Auswahl der exquisiten Vorspeisen, der uns beim Besuch eines italienischen Restaurants das Wasser im Munde zusammenlaufen lässt? Die Bezeichnung „antipasti" setzt sich übrigens aus der Vorsilbe ante/anti = vor/nicht und dem Wort pasto = Essen/Mahlzeit zusammen. Und genau das sind Antipasti: vor der Hauptmahlzeit angebotene Kleinigkeiten, die den Appetit anregen und die Vorfreude auf das eigentliche Essen steigern sollen. Und mit etwas Glück findet man in Italien abseits der ausgetretenen Pfade sogar heute noch Restaurants, die ihre Gäste mit Antipasti derart verwöhnen, dass es der folgenden „Hauptspeisen" kaum noch bedarf.

Mit der vorliegenden Rezeptauswahl habe ich versucht, dem Wesen der Antipasti gerecht zu werden, ohne den Anspruch auf Vollständigkeit zu erheben. Und so finden Sie hier berühmte Klassiker wie Carpaccio und Vitello tonnato, regionale Spezialitäten wie Bagna caôda aus dem Piemont oder sardischen Bottarga und die so einfachen wie köstlichen Bruschette und Crostini. Im Übrigen verstehen sich viele Rezepte als Anreiz, selbst kreativ zu werden. Was frittiert, gebraten, in Öl oder Essig eingelegt mit der einen Zutat schmeckt, kann auch mit einer anderen zu köstlichen Ergebnissen führen. So sind Antipasti entstanden und so wird ihre Tradition lebendig weitergeführt.

Schon bei den Römern gehörten zu einem anständigen Gelage Vor- und Zwischengerichte in großer Zahl. Ging es im kaiserlichen Rom eher um Masse, denn um Klasse, entwickelte sich das Kochen in der Renaissance zur wahren Kunst. Auf einer typischen Renaissance-Kredenz fanden sich z. B. Fisch in süß-saurer Sauce, gepökelter Aal, in Essig eingelegte Ochsenzungen, gepresster Fischrogen oder frische Sardellen in Olivenöl und Essig. Und in mehr oder weniger modifizierter Form gehören diese Gerichte bis heute zum italienischen Antipasti-Repertoire. Der Reichtum der italienischen (Antipasto-) Küche beruht jedoch zu einem guten Teil auch auf der Armut der unteren Bevölkerungsschichten. Viele Zubereitungen, die heute auch den verwöhntesten Gaumen erfreuen, entstammen der „cucina povere", der Armeleuteküche. Die Rezepte für gefüllten Schwan oder Pfau in Aspik haben die Zeit nicht überdauert, Panzanella hingegen, ein Restesalat aus altbackenem Brot, vermag bis heute die Genießer zu begeistern!

Bei der Kapitelfolge habe ich mich der einfachsten und zugleich gängigsten Praxis der Speisekarten italienischer Restaurants bedient, wo in aller Regel zwischen Antipasti caldi und Antipasti freddi, den warmen und kalten Vorspeisen, unterschieden wird. – Buon appetito und viel Spaß beim Nachkochen der ganz großen Kleinigkeiten wünscht

Gregor Schaefer

Öl und Essig,

genauer gesagt Olio extra vergine di oliva und Aceto Balsamico Tradizionale di Modena, gehören zu den Stars der italienischen Küche, ohne die viele Antipasti nicht denkbar wären. Da Olivenöl aber nicht gleich Olivenöl ist und Aceto balsamico nicht das Geringste mit Aceto Balsamico Tradizionale di Modena zu tun hat, möchte ich Ihnen einige Informationen zu diesen wunderbaren Produkten geben.

Olio extra vergine di oliva

ist ein richtig gesundes Fett! Es besteht aus ca. 12 % gesättigten, 80 % einfach ungesättigten und 8 % mehrfach ungesättigten Fettsäuren und verfügt damit über eine ideale Fettsäurekombination. Ein wahres Lebenselixier also!

Ich empfehle Ihnen, in der Küche Olio extra vergine di oliva zu verwenden. Die empfindlichen Früchte werden hierfür von Hand gepflückt und ergeben in der ersten Pressung – die diese Qualitätsbezeichnung erhält – einen Öl-Ertrag von ca. 15–25 %, d. h. aus 100 Kilogramm Oliven gewinnt man 15–25 Liter Öl. Produzenten, die wirklich erstklassiges Olivenöl herstellen, bieten ihre Öle mit 1,5–2,5 % freiem Fettsäureanteil an. Diese Werte können nur mit sehr schonend behandelten Oliven erster Güte erreicht werden, die innerhalb von 24–48 Stunden nach der Ernte verarbeitet wurden, da der Fettsäureanteil danach schnell steigt.

Wenn Qualität Ihnen wichtig ist, schauen Sie sich beim Einkauf das Etikett genau an. Stimmen Produzent und Abfüller überein und ist ein bestimmter Ort (z. B. Lucca) bzw. eine Region (z. B. Toscana) angegeben, können Sie ziemlich sicher sein, ein Produkt zu kaufen, das seinen Preis wert ist. Gutes Olivenöl ist außerdem niemals neutral im Geschmack, es ist fruchtig, pfeffrig, schmeckt und riecht nach grünem Gras, duftet nach frischem Heu. Kurz gesagt, es bietet eine Vielfalt an Aromen, die wir sonst nur vom Wein kennen. Und so probiert man am besten auch Olivenöl, um seine persönlichen Favoriten zu jedem Anlass zu entdecken.

Aceto Balsamico di Modena

bzw. di Reggio Emilia ist eine geschützte, hochwertige Spezialität, die nur aus Modena bzw. der Reggio Emilia stammen darf und streng überwacht wird. Der Tradizionale wird im Unterschied zu Weinessig aus reinem weißem Traubenmost (hauptsächlich Trebbiano und Sauvignon) ohne jegliche Zusätze hergestellt und ist somit ein hundertprozentiges Naturprodukt.

Der Most wird um ein gutes Drittel eingekocht und dann in Eichenfässer gefüllt. Hier beginnt nun eine lange Reifezeit, in deren Verlauf der Essig in immer kleinere Fässer aus verschiedenen Hölzern umgefüllt wird und immer mehr Flüssigkeit verdunstet. So werden aus 100 Kilogramm Trauben nach 25 Jahren ca. 1–1,5 Liter Aceto Balsamico Traditionale. Der Aceto aus Modena wird nach 12 bzw. 25 Jahren verkauft, den aus der Reggio Emilia gibt es als 12, 18 und 25-jähriges Produkt. Dass diese Rarität nicht billig sein kann, dürfte einleuchten! – Für jeden Tag ist sie ja auch nicht gedacht; nur hier und da ein Tröpfchen veredelt ausgesuchte Speisen. Beim schlichteren „Aceto balsamico di Modena" (es fehlt das Wörtchen tradizionale) handelt es sich um ein Produkt aus (Wein-)Essig, Zucker, Aromastoffen und Konservierungsmitteln. Beim Einkauf dieses günstigeren Aceto balsamico für den Alltag sollten Sie darauf achten, dass dieser vornehmlich aus Traubenmost mit möglichst wenigen Zusatzstoffen hergestellt wurde.

kalte vorspeisen
antipasti freddi
mit gemüse & käse

Jedes italienische Restaurant, das etwas auf sich hält, präsentiert dem Gast in einer Vitrine stolz seine Auswahl an kalten Vorspeisen, darunter Platten und Schüsseln mit den verschiedensten eingelegten Gemüsen. Solche Antipasti freddi eignen sich, selbst hergestellt, besonders gut für ein verlockendes Buffet oder ein Picknick, denn viele Gerichte lassen sich leicht vorbereiten und schmecken schön durchgezogen besonders gut. In Öl oder Essig mariniertes Gemüse hält sich darüber hinaus im Kühlschrank problemlos einige Tage. Alle Antipasti freddi aus diesem und dem folgenden Kapitel passen gut in die warme Jahreszeit, sind erfrischend und leicht und können auch mal eine komplette Hauptmahlzeit ersetzen.

Eingelegte
Paprikaschoten
Rezept S. 17

bruschetta al pomodoro
tomaten-bruschetta

400 g aromatische Tomaten 1 Hand voll frische Basilikumblätter einige Stängel Thymian 4 EL Olivenöl extra vergine Salz frisch gemahlener Pfeffer 8 Scheiben Baguette 2–3 Knoblauchzehen	Tomaten vom Stielansatz befreien und würfeln. Die Kräuter abbrausen und trockentupfen. Die Basilikumblätter grob zerkleinern. Die Thymianblättchen von den Stängeln streifen. Beides zu den Tomaten geben. Mit dem Olivenöl beträufeln, salzen und pfeffern. Alles gut miteinander vermischen. Die Baguettescheiben toasten oder unter dem Grill des Backofens rösten. Die Knoblauchzehen schälen und das geröstete Brot damit einreiben. Die Tomatenwürfel darauf verteilen und sofort servieren.

bruschetta con ricotta e prezzemolo fritto
bruschetta mit ricotta und frittierter petersilie

3 große Stängel glatte Petersilie
1 Knoblauchzehe
4 Scheiben knuspriges Landbrot
1 Becher Ricotta (250 g)
3 EL neutrales Öl
2–3 EL Olivenöl extra vergine
Salz
frisch gemahlener Pfeffer

Petersilie abbrausen, trockentupfen und die Blättchen abzupfen. Knoblauchzehe schälen. Das Brot toasten oder unter dem Grill des Backofens von beiden Seiten rösten. Mit der Knoblauchzehe einreiben und den Ricotta darauf verstreichen. Das neutrale Öl in einer kleinen Pfanne erhitzen und die Petersilienblätter darin 1–2 Minuten frittieren. Die Bruschette mit dem Olivenöl beträufeln, die frittierte Petersilie darauf verteilen, salzen, pfeffern und sofort servieren.

Die einfachsten Dinge sind doch oft die besten…

bruschetta con rucola e pomodoro
bruschetta mit rucola und tomate

1/2 Bund Rucola
2–3 Tomaten
4 große Scheiben italienisches Weißbrot
1 frische Knoblauchzehe
3 EL schwarze Olivenpaste (aus dem Glas)
frisch gemahlener Pfeffer

Rucola waschen und trockentupfen, die langen Stiele entfernen und die Blätter in etwa 1 Zentimeter breite Streifen schneiden. Die Tomaten vom Stielansatz befreien, in kleine Würfel schneiden und mit dem Rucola vermischen. Die Weißbrotscheiben rösten. Die Knoblauchzehe schälen und die Brotscheiben damit einreiben. Anschließend dünn mit Olivenpaste bestreichen und die Tomaten-Rucola-Mischung darauf verteilen. Mit Pfeffer übermahlen und servieren.

Probieren Sie diese herrliche Bruschetta mit dunklem Brot aus der Toskana oder mit frischem Graubrot. Leicht angetoastet schmeckt es mir am allerbesten!

Noch einfacher ist Pane e pomodoro: Dafür geröstete Brotscheiben mit 1 Knoblauchzehe und je 1/2 entkernten Tomate einreiben, bis sich das ganze Fruchtfleisch abgelöst hat. Salzen und pfeffern, mit Olivenöl beträufeln und einige Blättchen Basilikum darüberstreuen.

kalte vorspeisen mit gemüse & käse

crostini alle mandorle
mandel-crostini

75 g ganze geschälte Mandeln
ca. 12 cm frische Meerrettichwurzel
4–5 EL Olivenöl extra vergine
Salz
12 kleine Scheiben italienisches Weißbrot

Die Mandeln hacken, in einer beschichten Pfanne ohne Fett goldbraun rösten und abkühlen lassen. Die Meerrettichwurzel putzen, dünn schälen und auf einer feinen Reibe raspeln. Mandeln, Meerrettich und Olivenöl vermischen und salzen. Kurz vor dem Servieren die Brotscheiben leicht rösten und die Mandel-Meerrettich-Mischung dünn darauf verteilen.

Probieren Sie die Mandel-Crostini mit einem Glas Prosecco zum Aperitif.

crostini neri
crostini mit schwarzer olivenpaste

5–6 Sardellenfilets
1 kleine getrocknete Chilischote
200 g entsteinte schwarze Oliven
1 EL Kapern
1/2 TL Fenchelsamen
1 EL Zitronensaft
80–100 ml Olivenöl extra vergine
12–16 kleine Scheiben Weißbrot
(Baguette oder Ciabatta)

Die Sardellenfilets abspülen, trockentupfen und grob hacken. Die Chilischote putzen, längs halbieren und von Samen befreien. Die Oliven zusammen mit Sardellen, Chili, Kapern, Fenchelsamen und Zitronensaft im Mixer oder mit dem Pürierstab fein pürieren. Nach und nach das Olivenöl einfließen lassen, bis eine sämige Paste entstanden ist. Die Brotscheiben rösten und mit der Olivenpaste bestreichen.

Die schwarze Olivenpaste lässt sich gut vorbereiten und kann in einem verschlossenen Glas 2 Wochen im Kühlschrank aufbewahrt werden.

panzanella
toskanischer brotsalat

je 2 rote und gelbe Paprikaschoten
500 g reife Eiertomaten
2 Knoblauchzehen
grobes Meersalz
4 EL Rotweinessig
frisch gemahlener schwarzer Pfeffer
1/8 l Olivenöl extra vergine
1 kleine altbackene Ciabatta (oder 1/2 große)
1 Bund Basilikum
2 EL Kapern
75 g entsteinte schwarze Oliven

Paprikaschoten halbieren, von Stielansatz, Samen und Scheidewänden befreien und mit den Schnittflächen nach unten unter den Grill des Backofens schieben. Grillen, bis die Haut fast schwarz ist und Blasen wirft. Herausnehmen und unter einem feuchten Küchentuch abkühlen lassen, dann schälen. Die Paprika in Streifen schneiden. Tomaten halbieren und über einem Mixbecher entkernen. Das Fruchtfleisch in Streifen schneiden und zur Paprika geben.
Tomateninneres pürieren, durchseihen und den Saft auffangen. Knoblauch schälen und mit dem Meersalz im Mörser zu einer Paste zerreiben. Mit dem Tomatensaft, Essig und Pfeffer verrühren, das Olivenöl nach und nach unterschlagen.
Ciabatta grob würfeln. Basilikum abbrausen, trockentupfen, die Blättchen abzupfen und in Streifen schneiden. Beides mit Kapern und Oliven zu den Paprika- und Tomatenstreifen in eine Schüssel geben, mit dem Dressing übergießen und gut mischen. Den Salat mindestens 30 Minuten gut durchziehen lassen, bis das Brot sich gut mit dem Dressing vollgesogen hat, aber noch seine Form behält.

Herrlich leicht und an heißen Sommertagen genau das Richtige ist diese erfrischende Salatvariante. Und zudem allemal besser, als hart gewordenes Weißbrot einfach wegzuwerfen!

caprese
mozzarella mit tomaten

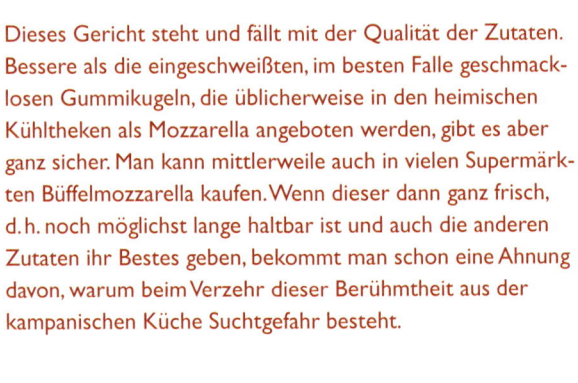

4 mittelgroße Tomaten
2 Kugeln Büffel-Mozzarella
(à 125–150 g)
1 Bund frisches Basilikum
8–10 EL Olivenöl extra vergine
frisch gemahlener Pfeffer
nach Belieben

Die Tomaten in Scheiben schneiden, dabei vom Stielansatz befreien. Mozzarellakugeln ebenfalls in Scheiben schneiden. Tomaten- und Mozzarellascheiben auf einer großen Platte abwechselnd schuppenförmig anordnen. Basilikum waschen, trockentupfen, die Blättchen abzupfen und über den Salat streuen. Alles mit Olivenöl beträufeln. Nach Belieben mit Pfeffer übermahlen.

Dieses Gericht steht und fällt mit der Qualität der Zutaten. Bessere als die eingeschweißten, im besten Falle geschmacklosen Gummikugeln, die üblicherweise in den heimischen Kühltheken als Mozzarella angeboten werden, gibt es aber ganz sicher. Man kann mittlerweile auch in vielen Supermärkten Büffelmozzarella kaufen. Wenn dieser dann ganz frisch, d. h. noch möglichst lange haltbar ist und auch die anderen Zutaten ihr Bestes geben, bekommt man schon eine Ahnung davon, warum beim Verzehr dieser Berühmtheit aus der kampanischen Küche Suchtgefahr besteht.

pinzimonio
toskanische rohkost

Frisches Gemüse
nach Saison und Belieben
(z.B. Staudensellerie, Fenchel,
Möhren, Frühlingszwiebeln,
Radieschen, Paprikaschoten,
Gurken, Chicorée)
aromatisches Olivenöl extra vergine
Zitronensaft
Salz
frisch gemahlener Pfeffer

Das Gemüse putzen, ggf. schälen und längs in Streifen bzw. Stifte schneiden. Auf einer großen Platte dekorativ anrichten und diese in die Tischmitte stellen.
Aus Olivenöl, etwas Zitronensaft, Salz und Pfeffer mit dem Schneebesen ein homogenes Dressing rühren. Für jeden Gast ein eigenes Schälchen zum Dippen damit füllen. Reichlich frisches Weißbrot dazu reichen.

Diese typisch toskanische Vorspeise schmeckt nicht nur ausgezeichnet, sondern fördert auch die Kommunikation bei Tisch. Voraussetzung für den Erfolg solch einfacher Genüsse ist einmal mehr die Qualität der Zutaten: Pinzimonio ist eine gute Gelegenheit, dem Unterschied zwischen konventionell und biologisch angebautem Gemüse mit dem eigenen Gaumen auf die Spur zu kommen. Wie wäre es mit einer „Blindverkostung" beider Gemüsegattungen im Kreise interessierter Freunde? Buon appetito!

melanzane alla menta
auberginen mit minze

4 längliche Auberginen
Olivenöl zum Braten
Salz
2 Knoblauchzehen
10-15 frische Minzeblättchen
3 EL Olivenöl extra vergine
1-2 EL Weißweinessig
3 EL Semmelbrösel
frisch gemahlener Pfeffer

Die Auberginen putzen und in fingerlange, ca. 1 Zentimeter dicke Stäbchen schneiden. In einer großen Pfanne reichlich Öl erhitzen und die Stäbchen darin goldbraun braten. Herausnehmen, leicht salzen und auf Küchenpapier gut abtropfen lassen. Inzwischen Knoblauch schälen und fein hacken. Minzeblättchen abbrausen, trockentupfen und in feine Streifen schneiden. Olivenöl mit Essig mischen, Knoblauch und Minze unterrühren. Die Auberginenstäbchen zugeben und alles gut miteinander verrühren. Semmelbrösel darüberstreuen und das Ganze abgedeckt 2–3 Stunden bei Zimmertemperatur durchziehen lassen. Vor dem Servieren mit wenig Salz und Pfeffer würzen.

carote in agrodolce
süß-saure möhren

500 g junge Bundmöhren
50 ml trockener Weißwein
50 ml Weißweinessig
2 Knoblauchzehen
1 EL Zucker
5 EL Olivenöl extra vergine
1 Lorbeerblatt
1 Stängel Rosmarin
Salz
frisch gemahlener Pfeffer
1 Bund Basilikum

Am Vortag das Möhrengrün bis auf 1 Zentimeter abschneiden (sieht schöner aus!) und die Möhren gut waschen (wenn sie ganz jung und zart sind, reicht das, sonst auch schälen). Mit Wein, Essig und 50 Millilitern Wasser in einen Topf geben und zum Kochen bringen. Knoblauchzehen schälen, vierteln und zusammen mit Zucker, Olivenöl, Lorbeerblatt und dem gewaschenen Rosmarin zu den Möhren geben. Salzen und pfeffern. Alles im geschlossenen Topf bei milder Hitze gut 10 Minuten köcheln lassen. Die Möhren herausheben und in einer Schüssel etwas abkühlen lassen. Den Sud durch ein feines Sieb über das Gemüse gießen. Mit Folie abdecken und über Nacht im Kühlschrank marinieren lassen.
Die Möhren vor dem Servieren Zimmertemperatur annehmen lassen. Inzwischen Basilikum waschen, trockentupfen und die Blättchen abzupfen. Die Möhren mit reichlich Basilikum bestreut servieren.

peperoni marinati
eingelegte paprikaschoten

4 Paprikaschoten
(z. B. 2 rote, 1 gelbe, 1 grüne)
1-2 Knoblauchzehen
6-8 EL Olivenöl extra vergine
Saft von 1/2 Zitrone
Salz
frisch gemahlener Pfeffer

Den Grill das Backofens vorheizen. Die Paprikaschoten halbieren, von Stielansatz, Samen und Scheidewänden befreien. Die Hälften mit der Hautseite nach oben nebeneinander auf ein Backblech legen und möglichst hoch unter den Grill schieben. Die Schoten rösten, bis die Haut schwarz wird und Blasen wirft. Herausnehmen, mit einem feuchten Tuch abdecken und abkühlen lassen. In der Zwischenzeit Knoblauch schälen und ins Olivenöl pressen. Zitronensaft zugeben und alles verquirlen.

Die Paprikahälften häuten und dritteln, dabei entstehenden Saft auffangen und zur Marinade geben. Eine Lage Paprika in eine Schale legen, salzen, pfeffern und mit Knoblauchöl beträufeln. Auf diese Weise alle Paprikastreifen übereinander schichten. Wenigstens 3 Stunden bei Zimmertemperatur durchziehen lassen.

Es geht auch ganz ohne das lästige Schälen. Dazu die geputzten Paprika samt Haut längs in schmale Streifen schneiden und in Olivenöl braten, bis sie schön weich und teilweise dunkelbraun sind. Salzen, pfeffern und mit Knoblauch würzen. Auch pur, nur mit frischem Weißbrot dazu, sind die kräftig angebratenen mild-süßen Paprika ein Gedicht – und machen ziemlich wenig Arbeit.

Das ist die Luxusvariante der bekannten Paprikavorspeise, denn das Häuten der Schoten gestaltet sich in der Praxis meist nicht ganz so einfach. Dabei ist es egal, ob Sie nach der hier beschriebenen Methode vorgehen, die Schoten im Ganzen grillen oder sie sogar über der Gasflamme anrösten und danach in einer Plastiktüte abkühlen lassen. Es gibt immer wieder Paprika, die sich jeder Methode hartnäckig widersetzen und ihre Haut nur Zentimeter für Zentimeter hergeben. Ich würde mich freuen, wenn mir jemand die ultimative und garantiert funktionierende Methode verraten könnte!

zucchine marinate
eingelegte zucchinischeiben

500 g Zucchini
3 Knoblauchzehen
Olivenöl zum Braten
1 TL frische Thymianblätter
Salz
frisch gemahlener Pfeffer
3-4 EL Aceto balsamico

Auf die gleiche Weise lassen sich auch Auberginen sehr lecker vorbereiten. Marinierte Zucchini und Auberginen sind fester Bestandteil der klassischen gemischten Gemüsevorspeisen, schmecken aber auch für sich, mit etwas Brot, ganz ausgezeichnet.

Möglichst am Vortag Zucchini putzen und der Länge nach in dünne Scheiben schneiden (das geht gut mit einer Mandoline bzw. einem Gemüsehobel). Knoblauchzehen schälen und sehr fein hacken. Reichlich Olivenöl in einer großen Pfanne erhitzen und die Zucchinischeiben darin portionsweise von beiden Seiten hellbraun braten. Herausnehmen und kurz auf Küchenpapier abtropfen lassen.

Die Scheiben in eine passende Schüssel schichten (es sollten mindestens 4 Lagen entstehen). Jede Schicht mit etwas gehacktem Knoblauch und einigen Thymianblättchen bestreuen, sehr sparsam mit Salz und Pfeffer würzen und mit etwas Balsamico beträufeln. Zucchinischeiben zugedeckt einige Stunden oder über Nacht im Kühlschrank marinieren lassen. Am besten schmecken sie bei Zimmertemperatur, also vor dem Servieren rechtzeitig aus dem Kühlschrank holen.

funghi misti
gemischte pilze

1 kg gemischte Pilze
(z. B. Steinpilze, Champignons
Pfifferlinge, Austernpilze etc.)
2 Knoblauchzehen
1/2 Bund Petersilie
5-6 EL Olivenöl zum Braten
Salz
Saft von 1/2 Zitrone
1 EL Aceto balsamico

Diese Pilze passen sehr gut zu gemischten Gemüse-Antipasti. Sie können dafür auch nur eine Pilzsorte, z. B. Champignons, verwenden.

Die Pilze putzen und mit Küchenpapier abreiben – möglichst nicht waschen – und je nach Größe halbieren oder vierteln. Knoblauch schälen und hacken. Die Petersilie waschen und trockentupfen, die Blättchen abzupfen und hacken.
In einer großen Pfanne das Olivenöl erhitzen, den Knoblauch zugeben und kurz anschwitzen. Die Pilze zufügen und bei starker Hitze braten, damit die austretende Flüssigkeit schnell verdampft. Wenn das meiste davon verkocht ist, die Pilze salzen und zugedeckt etwa 10 Minuten schmoren lassen. Danach sollten sie gar, aber noch bissfest sein. Die gebratenen Pilze in eine Schüssel geben, mit der Petersilie bestreuen und mit Zitronensaft und Balsamico würzen. Alles gut vermischen und zugedeckt im Kühlschrank einige Stunden durchziehen lassen. Vor dem Servieren Zimmertemperatur annehmen lassen.

cipolline marinate
eingelegte zwiebelchen

750 g kleine weiße Zwiebeln
2-3 EL Olivenöl zum Braten
2 EL brauner Zucker
1/4 l Rotwein
1/8 l Aceto balsamico

Die Zwiebeln schälen. Das Olivenöl in einer großen Pfanne mit hohem Rand erhitzen und die ganzen Zwiebeln darin einige Minuten bei mäßiger Hitze rundherum anschmoren. Den Zucker darüberstreuen. Rotwein und Balsamico angießen und alles bei geringer Hitze leicht köcheln lassen, bis die gesamte Flüssigkeit verkocht ist – die Pfanne dabei ab und zu schwenken. Die Zwiebelchen abkühlen lassen und kalt servieren.

Die Zwiebelchen sind nach dem Schmoren durch und durch rot und schmecken unwiderstehlich gut. Da sie sich einige Tage im Kühlschrank halten, lassen sie sich besonders gut vorbereiten. Zum Servieren sollten sie aber Zimmertemperatur haben.

insalata di funghi porcini I
steinpilzsalat I

400 g frische Steinpilze
(möglichst klein und fest)
5 EL Olivenöl extra vergine
Saft von 1 Zitrone
Salz
frisch gemahlener Pfeffer
4 EL frisch gehobelter Grana padano

Die Pilze mit Küchenpapier abreiben, putzen und in hauchfeine Scheiben schneiden, z. B. mit einem Gemüse- oder Trüffelhobel. Die Scheiben in einer Schüssel vorsichtig mit Olivenöl und Zitronensaft vermengen und mit Salz und Pfeffer würzen. Den frisch gehobelten (nicht geriebenen!) Grana über den Pilzsalat streuen und sofort servieren.

Dieser Salat kann auch mit Champignons oder einer Mischung aus beiden Pilzsorten zubereitet werden. Das Olivenöl sollte hierbei ausnahmsweise nicht allzu kräftig sein, um das feine Aroma der Pilze nicht zu überdecken. Z.B. sind Öle vom Gardasee besonders sanft im Geschmack. Auch Grana padano ist etwas milder als der „echte" Parmesankäse (Parmiggiano Reggiano), weshalb er hier vorzuziehen ist.

insalata di funghi porcini II
steinpilzsalat II

400 g frische Steinpilze
(möglichst klein und fest)
Saft von 1 Zitrone
1 Eigelb
Salz
frisch gemahlener Pfeffer
1 Knoblauchzehe
5-6 EL Olivenöl extra vergine
2 EL fein gehackte glatte Petersilie

Die Pilze mit Küchenpapier abreiben, putzen und in hauchfeine Scheiben schneiden. Mit der Hälfte des Zitronensaftes beträufeln. Die Pilzscheiben auf Tellern flach auslegen.
Den restlichen Zitronensaft mit dem Eigelb verquirlen. Salzen, pfeffern und die geschälte Knoblauchzehe dazupressen. Dann nach und nach das Olivenöl unter ständigem Rühren einfließen lassen. Zum Schluss die gehackte Petersilie untermischen und die Sauce über die Pilze träufeln.

Auch diese nicht minder delikate Variante des Salates kann mit Champignons zubereitet werden. Das Öl sollte ebenfalls von mildem Aroma sein.

Steinpilzsalat I
Rezept S. 20

kalte vorspeisen mit gemüse & käse

ricotta all'olio
ricotta mit olivenöl

1 Becher Ricotta (250 g)
100 ml fruchtiges Olivenöl extra vergine
frisch gemahlener Pfeffer

Den Ricotta auf einen tiefen Teller stürzen, das Olivenöl darübergießen und mit Pfeffer grob übermahlen. Dazu frisch aufgebackene Ciabatta oder knuspriges Baguette reichen – fertig!

Als Ergänzung können Sie einige Cocktailtomaten um den Ricotta legen und mit klein gezupften Basilikumblättern bestreuen. Dass diese Vorspeise gar keine Arbeit macht, tut dem Genuss keinen Abbruch, minderwertige Zutaten allerdings sehr wohl. Der Ricotta sollte möglichst frisch sein, weshalb ich immer darauf achte, dass er noch mindestens 1 Woche haltbar ist. Entscheidender jedoch ist das Olivenöl: Ein fein-würziges, möglichst fruchtiges Öl (z.B. aus der Toskana oder Sizilien) verwandelt den simplen Ricotta in eine Delikatesse, wohingegen er sich mit einem neutralen Öl eher zur Langeweile ergänzt.

pecorino con fave
pecorino mit dicken bohnen

ca. 1 kg junge dicke Bohnen in der Schote
Salz
200 g frischer Pecorino
grobes Meersalz

Die Bohnenschoten etwa 10 Minuten in leicht gesalzenem kochendem Wasser garen. Abgießen und gut abtropfen lassen. Pecorino in kleine Würfel schneiden und neben den Bohnen auf einem großen Holzbrett anrichten und mit einem Schälchen Meersalz in die Mitte des Tisches stellen. Zu Bohnen und Käse frisches italienisches Weißbrot und einen Chianti reichen.

So genießt man in der Toskana diese rustikale Vorspeise: Jeder pult sich die Bohnenkerne aus der Schote, stippt sie in das Salz und isst sie mit einem Stückchen Pecorino. Dann folgt etwas frisches Weißbrot und ein guter Schluck Chianti. Wer mag, kann die ganz jungen Bohnen auch roh genießen.

sedani al formaggio
staudensellerie mit käsedip

6-8 Stangen Staudensellerie mit Grün (möglichst die hellgrünen aus der Staudenmitte)
80 g Gorgonzola
80 g Mascarpone
3 EL Sahne
frisch gemahlener Pfeffer

Die Selleriestangen putzen und in 4–5 Zentimeter lange Stücke schneiden. Das Grün beiseite legen. Gorgonzola und Mascarpone mit der Sahne zu einer glatten Creme verrühren. Etwas Pfeffer darübermahlen und den Dip in ein Schälchen füllen. Die Selleriestücke auf einer Platte anrichten und mit dem Grün, das übrigens auch gegessen werden kann, garnieren. Zusammen mit dem Käsedip und knusprigem Weißbrot oder Grissini servieren.

pere con rucola e pecorino
birne mit rucola und pecorino

2 Bund Rucola
2 Birnen
120 g frischer Pecorino
4 EL Aceto Balsamico Tradizionale
frisch gemahlener Pfeffer

Rucola waschen, trockentupfen, von groben Stielen befreien und auf Teller verteilen. Die Birnen waschen, abtrocknen, vierteln, vom Kerngehäuse befreien und über den Salat raspeln. Den Pecorino ebenfalls grob darüberraspeln. Aceto balsamico über den Salat träufeln und mit etwas Pfeffer würzen.

Dieses einfache Rezept lebt vor allem von der Qualität des Balsamicos. Wem ein echter, mindestens 20-mal umgefüllter Balsamico zu teuer ist, kann sich mit folgendem Trick behelfen: Normalen Aceto balsamico zusammen mit einem Bouquet garni aus Thymian, Rosmarin und Salbei zum Kochen bringen und auf die Hälfte einkochen lassen. Die verbliebene Flüssigkeit durch ein Sieb gießen und mit wenig Honig abschmecken. In eine verschließbare Flasche gefüllt, hält sich diese köstliche Balsamico-Reduktion über mehre Monate.

kalte vorspeisen
antipasti freddi
mit fleisch & fisch

Servieren Sie doch an einem lauen Sommerabend mal eine Platte mit aromatischem italienischem Aufschnitt – z.B. würzigem Schinken, Bresaola und verschiedenen Salamispezialitäten –, kleinen Meeresfrüchten oder mariniertem Fisch, dazu knusprig frisches Brot und einen leichten, gekühlten Roten… Da wird niemand den dampfenden Schweinebraten mit der mächtigen Sauce vermissen!

affettati Kein italienisches (Fest-)Essen ohne Platten voll herrlichem Aufschnitt! Affettati sind unter den Antipasti sicherlich die Klassiker schlechthin. Zusammen mit frischem Brot, etwas feinem Olivenöl oder Butter und einem Gläschen Wein wird so gerne der kleine Hunger zwischendurch bedient oder ein unkompliziertes, aber köstliches Picknick gezaubert. Bald jeder italienische Metzger stellt seine eigenen Wurstspezialitäten her, und es macht Spaß, vor Ort die Vielfalt dieser oft regionalen Delikatessen zu probieren. Eine gute Auswahl gibt es inzwischen auch hierzulande: Parmaschinken, Mortadella und Mailänder Salami findet man schon recht häufig. Auch Tiroler Speck, Coppa (gepökelter und luftgetrockneter Schweinenacken), Pancetta (gewürzter Schweinebauch, frisch oder geräuchert), Finocchiona (toskanische Salami, mit wildem Fenchelsamen gewürzt) oder eine würzige Salame di cinghiale (Wildschweinsalami) sucht man nicht mehr vergebens. Hauchfein aufgeschnitten sind sie allesamt und immer ein Genuss.

Aufschnitt
siehe Text links

bresaola
bresaola

3-4 EL Olivenöl extra vergine
250 g Bresaola, hauchdünn geschnitten
Saft von 1/2 Zitrone
frisch gemahlener Pfeffer

Einen Teller dünn mit Olivenöl bepinseln und die Bresaola-Scheiben leicht überlappend darauf auslegen. Das restliche Olivenöl und den Zitronensaft darüberträufeln und Pfeffer darübermahlen. Dazu schmecken Grissini oder Roggenbrot.

Bresaola ist eine delikate Spezialität aus dem Veltlin: Mageres Rindfleisch wird gepökelt, dann gepresst und mehrere Monate lang luftgetrocknet. Köstliche Ergänzungen sind gehobelter Parmesan oder hauchdünne Scheibchen Staudensellerie, die man über das Fleisch streut. Auch mit einigen Blättern Rucola verträgt sich Bresaola sehr gut.

prosciutto e fichi
feigen mit schinken

8 frische, reife und saftige Feigen
150 g luftgetrockneter Schinken in dünnen Scheiben
frisch gemahlener Pfeffer

Die Feigen vorsichtig schälen und längs halbieren. Zusammen mit dem Schinken auf Tellern anrichten und mit etwas Pfeffer grob übermahlen.

Dies ist nur eine der wunderbaren Antipasti-Variationen, die sich mit hauchdünn geschnittenem luftgetrocknetem Schinken schnell und einfach zaubern lassen. Sehr fein ist auch Schinken mit Rucola. Dazu die Rucolablätter auf einen Teller legen, mit wenig Olivenöl beträufeln, etwas grob gehobelten Parmesan darüberstreuen und mit Schinkenscheiben bedecken. Oder Schinken mit Melone: Kennt jeder, schmeckt aber trotzdem sehr lecker und wird in Italien vornehmlich mit reifen Kantalupmelonen zubereitet.

crostini con carne cruda
crostini mit rindfleisch-tatar

200 g Rindfleisch (Filet oder Hüfte)
5 EL Olivenöl extra vergine
3 EL Zitronensaft
Salz
frisch gemahlener Pfeffer
12 kleine Scheiben Weißbrot
1 EL eingelegte Kapern

Das Rindfleisch mit einem scharfen Messer möglichst fein würfeln. Olivenöl und Zitronensaft in einer Schüssel verrühren, das Fleisch dazugeben, mit Salz und Pfeffer würzen und alles gut miteinander vermischen.
Die Brotscheiben kurz toasten. Das Fleisch auf den noch warmen Broten verteilen, mit gehackten Kapern garnieren und sofort servieren.

Das gehackte Fleisch ist ähnlich empfindlich wie Tatar und sollte deshalb nur ganz frisch verarbeitet und dann sofort gegessen werden.

carpaccio
carpaccio

200 g gut abgehangenes und sorgfältig pariertes Rinderfilet oder Roastbeef
2 EL Olivenöl extra vergine
1 TL Zitronensaft
Salz
frisch gemahlener weißer Pfeffer
1 EL gehobelter Parmesan

Das Aufschneiden des Fleischs geht leichter, wenn es vorher gut gekühlt wurde; zu dick geratene Scheiben können mit dem Plattiereisen oder Ähnlichem hauchdünn geklopft werden.

Das rohe Rinderfilet in hauchdünne Scheiben schneiden (oder vom Metzger schneiden lassen). 4 Teller dünn mit Olivenöl bepinseln und die Filetscheiben leicht überlappend darauf auslegen. Die Teller 5 Minuten in den Kühlschrank stellen. Jetzt das restliche Olivenöl und den Zitronensaft darüberträufeln. Vorsichtig salzen und pfeffern, zum Schluss mit einigen hauchdünnen Parmesanspänen garnieren und sofort servieren. Schmeckt am besten ganz pur!

Ersonnen hat diese Kreation Giuseppe Cipriani, der Gründer der legendären „Harry's Bar" in Venedig. Er hat sie nach Vittore Carpaccio benannt, einem venezianischen Renaissancemaler, der für seine brillanten Rot- und Weißtöne berühmt war. Das Originalrezept besteht auch nur aus rotem Rindfleisch und weißer Spezial-Carpacciosauce (Rezept S. 29).

Carpaccio ist mittlerweile zum Synonym für hauchdünne Scheiben von allem Möglichen geworden. Für Fischcarpaccio z. B. eignen sich Lachs, Thunfisch und Schwertfisch gut. Sehr erfrischend schmeckt es mit einer Marinade aus abgeriebener Limettenschale, Limettensaft und Olivenöl. Wenigstens 2 Stunden im Kühlschrank durchziehen lassen und zum Schluss mit Pfeffer und wenig Salz würzen. Wer mag, gibt fein gehackte Korianderblättchen mit in die Marinade.

salsa carpaccio
weiße original-carpacciosauce

Für die Mayonnaise:
1 Ei
1 TL Weißweinessig
1/2 TL Senf
ca. 180 ml mildes Olivenöl extra vergine
Salz
frisch gemahlener weißer Pfeffer
Zitronensaft

Außerdem:
1 TL Worcestersauce
1-2 EL Milch

Das zimmerwarme Ei, Essig und Senf im Mixer gut verquirlen und dann bei laufendem Gerät das Olivenöl langsam einlaufen lassen, so dass eine cremige Mayonnaise entsteht. Diese mit Salz, Pfeffer und etwas Zitronensaft würzen. Etwa die Hälfte dieser Menge reicht für 4–6 Portionen Carpaccio aus. Dazu diesen Teil mit Worcestersauce verrühren und noch einmal mit Zitronensaft, Salz und Pfeffer kräftig abschmecken. Mit Milch verdünnen, bis die Sauce gerade einen Löffelrücken überzieht – già pronto!

vitello tonnato
kalbfleisch mit thunfischsauce

Für 6-8 Personen

Für das Kalbfleisch:
1 kg Kalbsbraten
(am besten aus der Oberschale)
1 Stange Staudensellerie
1 Möhre
2 Schalotten
3-4 Stängel glatte Petersilie
2 Lorbeerblätter
5 Pfefferkörner

Für die Thunfischsauce:
200 g Thunfisch in Öl (Dose)
5 Sardellenfilets
2 EL Kapern
3 frische Eigelb
3 EL Zitronensaft
300 ml Olivenöl extra vergine
frisch gemahlener Pfeffer
Salz

Außerdem:
1 EL Kapern für die Garnitur
Zitronenachtel

Die restliche Kalbsbrühe ist viel zu schade zum Weggießen. Verarbeiten Sie sie lieber in einem Risotto oder in einer Minestrone. Die durchgesiebte Brühe hält sich 2–3 Tage im Kühlschrank oder kann eingefroren werden.

Kalbfleisch mit Küchengarn zu einer festen Rolle binden. (Oder den Metzger um ein entsprechendes Stück Rollbratennetz bitten.) Staudensellerie putzen und grob in Stücke schneiden. Möhre und Schalotten schälen und würfeln. Petersilie abbrausen und trockentupfen. Das Fleisch, das gewürfelte Gemüse, Petersilienstängel, Lorbeerblätter und Pfefferkörner in einen passenden Topf geben und mit Wasser auffüllen, bis alle Zutaten gerade bedeckt sind. Nun das Fleisch herausnehmen, bis das Wasser kocht, und dann wieder einlegen. Gut 1 Stunde im geschlossenen Topf bei geringer Temperatur leise köcheln, danach im Sud abkühlen lassen.

Für die Thunfischsauce den Fisch abtropfen lassen. Sardellenfilets und Kapern abspülen und ebenfalls abtropfen lassen. Thunfisch, Sardellenfilets, Kapern, Eigelbe und Zitronensaft im Mixer fein pürieren. Nach und nach das Olivenöl zufügen, bis eine glatte, cremige und nicht zu feste Sauce entstanden ist. Eventuell mit etwas abgekühlter Kalbsbrühe verdünnen, bis die richtige Konsistenz erreicht ist. Vorsichtig mit Pfeffer und – falls nötig – Salz würzen.

Den abgekühlten Kalbsbraten aus seinem Netz befreien und in möglichst dünne Scheiben schneiden. Eine Servierplatte mit etwas Thunfischsauce bestreichen und darauf eine Lage Fleischscheiben nebeneinander anordnen. Etwas Sauce darauf verteilen und eine neue Schicht Fleisch auflegen. So weiter verfahren, bis Fleisch und Sauce verbraucht sind. Die oberste Fleischschicht muss gleichmäßig mit Sauce bedeckt sein, andernfalls wird das Fleisch trocken.

Jetzt das Ganze gut mit Klarsichtfolie abdecken und am besten über Nacht, wenigstens aber für 6 Stunden im Kühlschrank durchziehen lassen. Vor dem Servieren Raumtemperatur annehmen lassen. Vitello tonnato mit Kapern und Zitronenachteln garniert servieren.

pâté di fegato alla veneziana
leberpastete auf venezianische art

3 mittelgroße Gemüsezwiebeln
Salz
400 g Kalbsleber
frisch gemahlener Pfeffer
1 TL Zitronensaft
100 g Butter

Die Zwiebeln schälen und in dünne Streifen schneiden. Diese ohne Fett in eine beschichtete Pfanne geben, leicht salzen und zugedeckt bei geringer Hitze in ca. 30 Minuten garen, ohne dass sie Farbe nehmen, bis sie cremig geworden sind. Dabei ab und zu wenden. Wenn sie zu dunkel werden, 2 Esslöffel Wasser zufügen.

Inzwischen die Leber waschen, trockentupfen, von Häuten und Sehnen befreien und grob würfeln. Zu den vorgegarten Zwiebeln geben, mit Salz, Pfeffer und Zitronensaft kräftig würzen. Bei mittlerer Hitze etwa 2 Minuten garen, dabei die Leberstücke einmal wenden.

Die Leber-Zwiebel-Mischung in einen Mixer geben, die Butter in Flocken zufügen und alles gut mixen, bis die Masse gleichmäßig glatt und sahnig ist. Eine Pasteten- oder Kastenform mit Klarsichtfolie auskleiden und die Masse einfüllen. Die Oberfläche glatt streichen und gut mit Folie abdecken. Die Leberpastete für wenigstens 6 Stunden kalt stellen, danach auf eine Platte stürzen und in Scheiben schneiden. Dazu passt frisch geröstetes Weißbrot.

Die Pastete hält sich gut abgedeckt im Kühlschrank 1 ganze Woche, kann also sehr gut vorbereitet werden.

frittata ripiena
gefülltes omelett

4 Eier
Salz
frisch gemahlener Pfeffer
100 ml Olivenöl extra vergine
1 Becher Ricotta (250 g)
40 g frisch geriebener Parmesan
6 Scheiben gekochter Schinken hauchdünn geschnitten

Die Eier verquirlen und mit Salz und Pfeffer würzen. In einer beschichteten Pfanne mit 26 Zentimetern Durchmesser 1 Esslöffel Olivenöl mäßig erhitzen. Die Hälfte der Eier darin nicht ganz stocken lassen. Das Omelett mit Hilfe eines Tellers oder flachen Deckels wenden und auf der anderen Seite nochmals knapp 45 Sekunden backen. Auf die gleiche Weise aus der restlichen Eimasse ein zweites Omelett bereiten. Die fertigen Omeletts etwas abkühlen lassen.
In der Zwischenzeit den Ricotta mit dem restlichen Olivenöl und dem geriebenen Parmesan verrühren. Jedes Omelett gleichmäßig mit der Ricottamasse bestreichen, leicht mit Pfeffer würzen, mit den Schinkenscheiben belegen und aufrollen. Die Rollen einzeln fest in Klarsichtfolie wickeln und für mindestens 2 Stunden kühl stellen.
Die Omelettrollen auswickeln und in etwa 1 Zentimeter dicke Scheiben schneiden. Die Scheiben dachziegelartig auf einer Platte anrichten und vor dem Servieren Zimmertemperatur annehmen lassen.

Dies ist nur eine Variante der in Italien so beliebten Frittata. Für die Füllung können Sie Ihrer Phantasie freien Lauf lassen; erlaubt ist, was schmeckt und sich gut einrollen lässt: Wie wäre es z. B. mit blanchiertem Spinat und gerösteten Pinienkernen anstelle des Schinkens? Oder Sie belegen den Ricotta mit frittierten (einfach in etwas Olivenöl kross gebratenen) Salbeiblättern und luftgetrocknetem Schinken. Sehr delikat schmeckt auch eine Füllung aus Ziegenfrischkäse und Bresaola. Oder Sie bestreichen die Frittata mit einer dicken Béchamelsauce und belegen diese mit Mortadella, oder… aber jetzt sind wirklich Sie dran!

uova in salsa verde
eier mit grüner sauce

1/2 Bund glatte Petersilie
1 Knoblauchzehe
4 Sardellenfilets
1 TL Kapern
8 hart gekochte Eier
1/2 TL scharfer Senf
3 EL Olivenöl extra vergine
Salz
1 TL Zitronensaft
1/2 rote Paprikaschote

Die Petersilie waschen und trockentupfen, die Blättchen abzupfen. Die Knoblauchzehe schälen. Die Sardellenfilets abspülen und trockentupfen. Petersilie, Knoblauch, Sardellen und Kapern sehr fein hacken.

Die Eier pellen, längs halbieren und das Eigelb jeweils vorsichtig herauslösen, ohne das Eiweiß zu beschädigen. Die Eiweißhälften auf einem Teller anrichten. Die Eigelbe zusammen mit Petersilie, Knoblauch, Sardellen, Kapern, Senf und Olivenöl in eine Schüssel geben. Alles mit einer Gabel zu einer homogenen Masse verarbeiten. Mit Salz und Zitronensaft würzen und in die Eiweißhälften füllen. Die halbe Paprikaschote von Stielansatz, Samen und Scheidewänden befreien und klein würfeln. Die Eier mit den Paprikawürfeln garnieren.

Diese würzigen Eier sind auch optisch ein Genuss und machen sich daher gut auf jedem Buffet. Größere Mengen der Füllung können gut mit der Küchenmaschine zubereitet und mit dem Spritzbeutel eingefüllt werden.

kalte vorspeisen mit fleisch & fisch

insalata di tonno e fagioli
thunfischsalat mit weißen bohnen

200 g getrocknete weiße Bohnen
8 EL Olivenöl extra vergine
2-3 EL weißer Balsamico
Salz
frisch gemahlener Pfeffer
1/2 Gemüsezwiebel
2 Dosen Thunfisch im eigenen Saft
(à 130 g)

Am Vortag die weißen Bohnen mit kaltem Wasser bedecken und über Nacht einweichen lassen. Am folgenden Tag mit frischem Wasser bei mäßiger Hitze in knapp 1 1/2 Stunden gar kochen. Die gekochten Bohnen abgießen, abtropfen lassen und in eine Schüssel geben.
Olivenöl, Essig, Salz und Pfeffer zu einem Dressing verrühren und über die noch warmen Bohnen gießen. Die Gemüsezwiebel schälen und in feine Ringe schneiden. Den Thunfisch gut abtropfen lassen und klein zerpflücken. Beides zu den Bohnen geben und gut miteinander vermischen. Den Salat vor dem Servieren abgedeckt etwa 1 Stunde bei Zimmertemperatur durchziehen lassen. Dazu schmeckt am besten knuspriges, frisches Weißbrot.

pâté di tonno
thunfisch-creme

2 Dosen Thunfisch in Öl
(à 130 g)
2 EL Zitronensaft
4 EL Mayonnaise
Salz
frisch gemahlener Pfeffer
1-2 EL Brandy

Thunfisch abtropfen lassen und zusammen mit dem Zitronensaft im Mixer pürieren. Danach in einer Schüssel mit der Mayonnaise gründlich verrühren. Mit Salz und Pfeffer würzen. Kurz vor dem Servieren den Brandy unterrühren. In eine kleine Schale füllen oder direkt auf geröstetem Weißbrot anrichten.
Abgedeckt hält sich die Thunfischcreme einige Tage im Kühlschrank. Der Brandy wird aber immer erst kurz vor dem Servieren untergerührt.

rotoli di melanzane
auberginen-thunfisch-röllchen

2 große, längliche Auberginen
2-3 EL Olivenöl extra vergine
300 g frischer Thunfisch
Salz
frisch gemahlener Pfeffer
Saft von 1 Zitrone

Den Grill des Backofens vorheizen. Die Auberginen putzen und der Länge nach in möglichst dünne Scheiben schneiden. Diese von beiden Seiten dünn mit Olivenöl bepinseln und nebeneinander auf ein Backblech legen. Das Backblech unter den Grill schieben und die Auberginenscheiben auf beiden Seiten schön braun werden lassen. Achtung: Je nach Grill kann das sehr schnell gehen!
Den frischen Thunfisch abbrausen, trockentupfen und in sehr dünne Scheiben schneiden. Die gegrillten Auberginenscheiben mit dem Thunfisch belegen. Salzen, pfeffern, mit etwas Zitronensaft beträufeln und aufrollen. Die Röllchen auf die Naht legen und für 1–2 Stunden abgedeckt im Kühlschrank ruhen lassen, vor dem Servieren aber Zimmertemperatur annehmen lassen.

Um den Thunfisch möglichst dünn schneiden zu können, sollte er sehr kalt sein. Am besten geht es mit einem Messer mit dünner, schmaler Klinge (Lachsmesser). Wenn Sie die Röllchen auf einer Seite gerade abschneiden, können Sie sie senkrecht auf einer Platte anrichten. So sind diese leckeren Häppchen ein Blickfang auf jedem Vorspeisen-Buffet.

sarde in saor
sardinen in saor-marinade

Für die Marinade:
3 Zwiebeln
60 ml Olivenöl extra vergine
3 Lorbeerblätter
75 ml Weißweinessig
2 EL Rosinen
2 EL Pinienkerne
frisch gemahlener Pfeffer
1 Prise Zucker

Für die Sardinen:
12 frische, küchenfertige Sardinen (ca. 450 g)
Salz, Mehl zum Wenden
60 ml Olivenöl zum Braten

2 Tage vor dem Verzehr für die Marinade die Zwiebeln schälen und in dünne Ringe schneiden. Das Olivenöl bei mittlerer Hitze in einer großen Pfanne erhitzen. Zwiebelringe und Lorbeerblätter hineingeben und die Zwiebeln darin unter häufigem Rühren in ca. 15 Minuten weich dünsten. Sie dürfen dabei kaum bräunen. Jetzt mit dem Weißweinessig ablöschen, Rosinen und Pinienkerne zugeben. Die Zwiebeln mit Pfeffer und Zucker würzen.

Von den Sardinen die Köpfe entfernen. Die Fische sorgfältig abspülen und trockentupfen, leicht salzen und in Mehl wenden. Olivenöl in einer großen Pfanne erhitzen. Die Sardinen darin rasch knusprig braun braten, herausnehmen und auf Küchenpapier abtropfen lassen. Danach in eine flache Schüssel legen, mit der heißen Marinade übergießen und zugedeckt im Kühlschrank etwa 2 Tage durchziehen lassen.

Sardinen in
Saor-Marinade
Rezept S. 36

kalte vorspeisen mit fleisch & fisch 37

crostini al salmone
crostini mit lachstatar

300 g ganz frisches Lachsfilet
6 schwarze Oliven
2 EL fein gehackter Staudensellerie
Saft von 1/2 Limette
2-3 EL Olivenöl extra vergine
Salz
frisch gemahlener Pfeffer
12 kleine Scheiben Weißbrot

Den Lachs abspülen, trockentupfen und mit einem scharfen Messer sehr fein würfeln. Die Oliven entsteinen und ebenfalls fein würfeln. Den Lachs mit Oliven, Staudensellerie, Limettensaft und Olivenöl verrühren. Mit Salz und Pfeffer würzen. Diese Mischung im Kühlschrank abgedeckt mindestens 30 Minuten durchziehen lassen, dann ist der Lachs durch die Limettensäure „gegart". Die Brotscheiben kurz toasten – sie sollten aber nicht braun werden – das Lachstatar darauf verteilen und sofort servieren.

pesce spada all'agro
saurer schwertfisch

300 g frischer Schwertfisch
Saft von 2–3 Limetten
4–5 Radieschen
1 rote Zwiebel
1 EL eingelegte Kapern
5–6 EL Olivenöl extra vergine
Salz
frisch gemahlener Pfeffer

Den Schwertfisch waschen, trockentupfen, in möglichst dünne Scheiben schneiden und diese schuppenförmig auf einer Platte anrichten. Limettensaft darüberträufeln, mit Klarsichtfolie abdecken und den Fisch 1–2 Stunden im Kühlschrank ziehen lassen.
In der Zwischenzeit die Radieschen putzen, die Zwiebel schälen und beides fein hacken. Die Kapern ebenfalls hacken. Radieschen, Zwiebeln und Kapern mit dem Olivenöl vermischen und salzen.
Den Fisch aus dem Kühlschrank nehmen und die Flüssigkeit abgießen. Die Gemüsemischung auf den Schwertfischscheiben verteilen und das Ganze mit etwas Pfeffer übermahlen. Sofort servieren.

Keine Angst vor rohem Fisch! – Nach 2 Stunden im Kühlschrank ist der Schwertfisch durch die Säure des Limettensafts „gegart" und hat seine glasige Konsistenz verloren. Limetten mit ihrem feinen Aroma und der sanfteren Säure passen besser zu dieser leichten Vorspeise als Zitronen.
Und nur für den Fall, dass es sich noch nicht überall herumgesprochen hat: Wenn man Zitrusfrüchte vor dem Auspressen mit Druck über die Arbeitsplatte rollt, kann man ihnen besonders viel Saft entlocken.

baccalà mantecato
venezianisches stockfischpüree

Für 6-8 Personen

1 Stockfisch
1 l Milch
2-3 Knoblauchzehen
1/2 Bund glatte Petersilie
ca. 350 ml Olivenöl
Salz
frisch gemahlener Pfeffer
frisch geriebene Muskatnuss

Die typische „baccalà mantecato" wird in der Regel aus Stockfisch gemacht, der im Unterschied zum Klippfisch ungesalzen ist. Das Püree soll eine leicht körnige Konsistenz haben. Bereiten Sie es deshalb nicht mit einem Mixer oder in der Küchenmaschine zu, dadurch würde es zu glatt.

2 Tage vor der Zubereitung den Stockfisch abbrausen und kräftig mit dem Fleischklopfer bearbeiten, damit er besser zu handhaben ist. Dann erneut abbrausen und in handliche Stücke brechen. 2 Tage zugedeckt in kaltem Wasser einweichen; währenddessen das Wasser mindestens zweimal erneuern.
Am Tag der Zubereitung die Fischstücke in einem Topf mit reichlich Wasser bedeckt zum Kochen bringen, die Hitze reduzieren und 10–15 Minuten leise köcheln lassen. Abgießen, abschrecken, sorgfältig häuten, von evtl. verbliebenen Gräten befreien und zerpflücken. Die Milch in einem Topf zum Kochen bringen, den Fisch hineinlegen und bei geringer Hitze 15 Minuten köcheln lassen.
Inzwischen den Knoblauch schälen und in eine große Schüssel pressen. Petersilie abbrausen und trockentupfen, die Blättchen abzupfen, sehr fein hacken und dazugeben. Den Fisch mit dem Schaumlöffel aus der Milch heben, abtropfen lassen und in die Schüssel geben. Die Milch beiseite stellen.
Mit dem Handrührgerät Stockfisch, Knoblauch und Petersilie gründlich durcharbeiten, das Olivenöl nach und nach zugießen und die Masse etwa 5 Minuten weiterrühren. Danach sollte sie die Konsistenz von festem Kartoffelpüree haben. Mit Salz, Pfeffer und Muskat würzen. So viel von der beiseite gestellten Milch dazugeben, dass das Püree schön cremig wird. Die Baccalà schmeckt am besten lauwarm und wird mit geröstetem Weißbrot serviert.

Zugegeben, die Bereitung der Baccalà ist nicht ganz unaufwendig, aber die Mühe wird durch ein höchst delikates Ergebnis belohnt. Und da Stockfisch – dank unserer ausländischen Mitbürger – auch hierzulande relativ leicht zu bekommen ist, sollten Sie sich diesen außergewöhnlichen Genuss unbedingt einmal gönnen.

bottarga coili
sardische vorspeise mit bottarga

100 g Bottarga (Pressrogen)
50 g frischer Pecorino
4 EL Olivenöl extra vergine
1 EL Zitronensaft
frisch gemahlener schwarzer Pfeffer

Bottarga mit einem scharfen Messer in möglichst dünne Scheiben schneiden. Die Scheiben nebeneinander auf eine Platte legen. Den Pecorino dünn darüberhobeln. Olivenöl mit Zitronensaft vermischen und über den Bottarga träufeln. Mit wenig schwarzem Pfeffer übermahlen und alles mit geröstetem Toastbrot und Butter servieren.

Bottarga ist eine sardische Spezialität. Es handelt sich dabei um gesalzenen, gepressten und luftgetrockneten Rogen der Meeräsche. In gut sortierten Delikatessengeschäften und italienischen Feinkostläden kann man Bottarga mittlerweile auch hierzulande kaufen. Genießen Sie einmal das mild-würzige Aroma dieser Delikatesse!

gamberetti all'olio e limone
garnelen mit olivenöl und zitronensaft

Für 6 Personen

Für die Garnelen:
1 Stange Staudensellerie
1 mittelgroße Möhre
1 EL Salz
2 EL Weißweinessig
500 g rohe Garnelenschwänze
in der Schale (ca. 3-4 cm lang)

Für die Marinade:
80 ml Olivenöl extra vergine
4 EL Zitronensaft
Salz
frisch gemahlener Pfeffer
Parmesan nach Belieben

Für die Garnelen zuerst Staudensellerie und Möhre putzen bzw. schälen und in grobe Stücke schneiden. Zusammen mit Salz und Essig in einen großen Topf geben, 3 Liter Wasser zugießen, zum Kochen bringen und 10–15 Minuten bei reduzierter Hitze sanft köcheln lassen.

Die ungeschälten Garnelenschwänze einlegen, aufkochen und bei mittlerer Hitze in 2–3 Minuten garen. Herausheben, schälen, am Rücken entlang aufschlitzen und vom Darm befreien. Die Garnelen abspülen, abtropfen lassen und in eine flache Schüssel legen.

Für die Marinade das Olivenöl mit dem Zitronensaft verrühren, mit Salz und Pfeffer würzen und über die noch warmen Garnelen gießen. Alles gut miteinander vermischen und 1 Stunde bei Zimmertemperatur marinieren lassen. Kurz vor dem Servieren nach Belieben etwas Parmesan darüberhobeln. Dazu frisches, knuspriges Weißbrot reichen, mit dem man die köstliche Marinade auftupfen kann.

Natürlich gelingt dieses Gericht auch mit tiefgefrorenen, geschälten und vorgegarten Garnelen. Diese lassen Sie auftauen und in dem heißen, aber nicht kochenden Sud nur ca. 1 Minute ziehen. Wenn Ihnen diese Vorspeise dann allerdings nicht ganz so gut schmecken sollte wie im letzten Urlaub auf dieser schönen Terrasse direkt am Meer, dann liegt es vielleicht doch nicht nur an der fehlenden Kulisse…

insalata di polpo
oktopussalat

1 küchenfertiger Oktopus
(ca. 500–600 g)
2–3 Stangen Staudensellerie
5 EL Olivenöl extra vergine
2–3 EL Zitronensaft
1–2 Knoblauchzehen
Salz, frisch gemahlener Pfeffer
4 EL fein gehackte glatte Petersilie

Keine Angst vor Kraken! Den Oktopus küchenfertig vorzubereiten ist auch keine Kunst: Dazu zuerst den Kopfteil mit den Augen knapp zwischen Beutel und Fangarmen abschneiden und wegwerfen. Das harte Kauwerkzeug im Zentrum der Fangarme ganz einfach herausdrücken. Vom Beutel zuerst die Haut abziehen, ihn dann umstülpen und, falls noch vorhanden, die Eingeweide entfernen. Alle Teile gut mit kaltem Wasser abspülen – und fertig!

Den Oktopus abspülen, in einen passend großen Topf legen und etwa 5 Zentimeter hoch Wasser angießen. Im zugedeckten Topf zum Kochen bringen, die Hitze reduzieren und den Oktopus darin 45 Minuten sanft köcheln lassen.
Inzwischen den Staudensellerie putzen und in feine Scheiben schneiden. Öl und Zitronensaft in einem Schälchen mischen. Knoblauch schälen, dazupressen, mit Salz und Pfeffer würzen. Die Petersilie zufügen und alles gut vermischen.
Den gegarten Oktopus aus dem Topf heben, kurz kalt abbrausen und in mundgerechte Stücke schneiden. Die lauwarmen Stücke in eine Schüssel füllen, mit der vorbereiteten Marinade übergießen, gut durchmischen und den Salat zugedeckt mindestens 2 Stunden im Kühlschrank durchziehen lassen. Vor dem Servieren alles noch einmal gut mischen und mit Salz, Pfeffer und evtl. noch Zitronensaft abschmecken.

Für eine Variante die Schale von 1 Limette mit dem Zestenreißer abziehen und fein gehackt unter den Salat mischen. Statt des Zitronensaftes dann Limettensaft verwenden und die Petersilie ganz oder teilweise durch frisches Koriandergrün ersetzen.

Für einen üppigeren Salat kann man noch Radieschen und schwarze Oliven zufügen: Dafür 1 Bund Radieschen und 1 Hand voll schwarze Oliven achteln oder in dünne Scheiben schneiden.

warme vorspeisen
antipasti caldi
mit gemüse & käse

Die italienische Küche versteht es wie kaum eine andere, mit wenigen Zutaten und einfachster Zubereitung herrliche Geschmackserlebnisse zu zaubern. Von dieser Kunst leben auch viele der in diesem Kapitel aufgeführten warmen Vorspeisen. Da werden Paprikaschoten einfach nur geröstet und gehen mit feinem Olivenöl eine delikate Verbindung ein, Schwarzwurzeln werden frittiert und schmecken köstlich nach nichts als sich selbst. Und wer es nicht selbst gekostet hat, wird kaum glauben, wie umwerfend lecker dicke Bohnen mit Pecorino sind. Die wesentliche Voraussetzung für das Gelingen solch einfacher Genüsse ist dabei immer die Qualität jeder einzelnen Zutat.

Gefüllte Zucchiniblüten
Rezept S. 60

warme vorspeisen mit gemüse & käse 45

melanzane alla griglia
gegrillte auberginen

2-3 schöne glatte Auberginen
3-4 EL Olivenöl extra vergine
2 Knoblauchzehen
1 EL Aceto balsamico
Salz

Den Grill des Backofens vorheizen. Die Auberginen putzen und der Länge nach in nicht zu dicke Scheiben schneiden (ca. 1/2 Zentimeter). Diese auf beiden Seiten mit Olivenöl einpinseln, auf ein Backblech legen und auf der obersten Schiene unter den Grill schieben. Wenn die Scheiben von oben schön braun sind, wenden und auch auf der anderen Seite rösten.
Inzwischen Knoblauch schälen und hacken. Auberginenscheiben in eine Schüssel schichten, dabei jede Schicht mit etwas Knoblauch bestreuen, mit etwas Balsamico beträufeln und leicht salzen. Heiß oder lauwarm servieren.

Gegrillte Auberginen saugen sich nicht so mit Öl voll wie in der Pfanne gebratene – man kann sie auch gut auf dem Holzkohlengrill zubereiten. Wenn man das Backblech mit Backpapier auslegt, spart man sich das Spülen.

caponata
auberginen süß-sauer

2 mittelgroße Auberginen
Salz
3 Stangen Staudensellerie
4 milde weiße Zwiebeln
1 große Dose geschälte Tomaten (800 g)
50 g grüne Oliven ohne Stein
100 ml Olivenöl
2 EL eingelegte Kapern
1/2 TL Zucker
frisch gemahlener Pfeffer
5–6 EL weißer Balsamico
1 Bund Basilikum

Die Auberginen putzen und in 1 Zentimeter große Würfel schneiden. Diese in ein Sieb geben, mit Salz bestreuen und etwa 1 Stunde Saft ziehen lassen.
Staudensellerie putzen und in 2–3 Zentimeter lange Stücke schneiden. Zwiebeln schälen und grob zerteilen. Dosentomaten abgießen (den Saft anderweitig verwenden) und klein schneiden. Die Oliven halbieren. In einem breiten Topf 4 Esslöffel Olivenöl erhitzen und die Zwiebeln darin glasig dünsten. Selleriestücke zugeben und einige Minuten mitschmoren. Tomatenstücke, Oliven und Kapern zufügen und mit Zucker, Salz und Pfeffer würzen. Das Gemüse im offenen Topf bei kleinster Hitze etwa 15 Minuten köcheln lassen, dabei gelegentlich umrühren.
Inzwischen die Auberginenwürfel unter kaltem Wasser kurz abspülen und mit Küchenpapier gründlich trockentupfen.
In einer breiten Pfanne das restliche Olivenöl sehr heiß werden lassen. Die Auberginenwürfel darin portionsweise knusprig ausbacken. Herausheben, auf Küchenpapier abtropfen lassen und zum Gemüse in den Topf geben. Den weißen Balsamico angießen und alles weitere 5 Minuten leise köcheln lassen. Das Gemüse noch einmal mit Salz und Pfeffer, vor allem aber mit Essig und Zucker, abschmecken. Vor dem Servieren das Basilikum abbrausen, trockentupfen, die Blättchen in Streifen schneiden und über die Caponata streuen.

Genießen Sie dieses köstliche Gemüsegericht lauwarm mit knusprig-frischem Weißbrot.

spiedini di verdure alla griglia
gegrillte gemüsespießchen

8 kleine weiße Zwiebeln
1 kleine Aubergine
1 gelbe oder rote Paprikaschote
2 kleine Zucchini
8 stabile Rosmarinstängel
(ca. 12-15 cm lang)
16 feste Cocktailtomaten
4 EL Olivenöl extra vergine
Salz
frisch gemahlener Pfeffer

Den Grill des Backofens vorheizen. Zwiebeln schälen. Aubergine putzen, längs vierteln und jedes Viertel in 4 Stücke schneiden. Paprikaschote von Stielansatz, Samen und Scheidewänden befreien, in 16 Stücke teilen. Zucchini putzen und jeweils in 8 Scheiben schneiden. Rosmarinstängel waschen und trockentupfen. Das vorbereitete Gemüse und die Cocktailtomaten abwechselnd so auf die Rosmarinzweige stecken, dass jeweils das Zwiebelchen in der Mitte sitzt. Die Spieße mit etwas Olivenöl einpinseln, salzen, pfeffern, auf ein Backblech legen und unter den Grill schieben. 12–14 Minuten grillen, dabei wiederholt wenden und mit Öl bestreichen. Heiß servieren.

Das Aufspießen geht leichter, wenn Sie die festeren Stücke, vor allem die Zwiebelchen, vorbohren.

Wer keine geeigneten Rosmarinzweige bekommen kann, verwendet Schaschlikspieße und klemmt kleinere Rosmarinstängel zwischen die Gemüsestücke. Die Spieße lassen sich auch sehr gut auf dem Holzkohlengrill zubereiten.

pomodori fritti
frittierte tomaten

2-3 feste Eiertomaten
1 Ei
Mehl und Semmelbrösel
zum Panieren
neutrales Öl zum Frittieren
Salz
1 TL frische Thymianblättchen

Die Tomaten vom Stielansatz befreien und quer in etwa 1 Zentimeter dicke Scheiben schneiden. Vorsichtig die Samen entfernen. Das Ei in einem tiefen Teller leicht verquirlen, Mehl und Semmelbrösel in weiteren Tellern bereitstellen.
In einer großen, tiefen Pfanne reichlich Öl sehr heiß werden lassen. Die Tomatenscheiben erst in Mehl, dann in Ei und in den Semmelbröseln wenden. Die Panade etwas andrücken und die Scheiben beidseitig schön braun frittieren. Jeweils nur so viele in die Pfanne geben, wie locker nebeneinander Platz haben. Herausheben und auf Küchenpapier abtropfen lassen. Vor dem Servieren salzen und mit Thymian bestreuen. Heiß servieren.

funghi trifolati
champignons mit knoblauch und petersilie

500 g kleine weiße
oder braune Champignons
2 Knoblauchzehen
6 EL Olivenöl
Salz
frisch gemahlener Pfeffer
1 EL Zitronensaft
1 Prise Zucker
2 EL gehackte glatte Petersilie

Die Champignons putzen, mit Küchenpapier abreiben und längs in etwa 1/2 Zentimeter dicke Scheiben schneiden. Knoblauch schälen und hacken.

Olivenöl in einer weiten Pfanne erhitzen und den Knoblauch darin goldgelb anbraten. Die Champignons zugeben und bei großer Hitze und gelegentlichem Wenden braten, bis sie das ganze Öl aufgesaugt haben. Die Pilze salzen und pfeffern. Zitronensaft und Zucker zugeben und evtl. austretende Flüssigkeit einkochen lassen. Noch einmal mit Salz abschmecken und die Petersilie untermischen.

Funghi trifolati können heiß oder kalt bzw. lauwarm serviert werden und fehlen auf keinem italienischen Vorspeisenbuffet. Sehr gut passt gegrilltes oder getoastetes Weißbrot in dünnen Scheiben dazu.

cannellini con olio
feine weiße bohnen mit olivenöl

ca. 150 g getrocknete
Cannellini-Bohnen
Salz
1 Zwiebel
3-4 Knoblauchzehen
4-5 frische Salbeiblätter
frisch gemahlener Pfeffer
Olivenöl extra vergine

Am Vortag die Bohnen in kaltem Wasser einweichen und über Nacht quellen lassen. Am folgenden Tag abgießen, mit frischem Salzwasser in einen Topf geben und zum Kochen bringen. Die Zwiebel schälen und halbieren. Den Knoblauch schälen. Die Salbeiblätter abrausen. Alles zu den Bohnen geben und diese bei geringer Hitze weich kochen. Das dauert 1-1 1/2 Stunden – je nach Alter der Bohnenkerne. Die gegarten Bohnen abgießen und auf kleine Teller verteilen, dabei Zwiebel, Knoblauch und Salbei entfernen. Die Salbeiblätter in feine Streifen schneiden und über die Bohnen streuen. Mit Pfeffer übermahlen. Die Bohnen lauwarm mit frischem Brot servieren. Dazu eine Flasche mit bestem fruchtigen Olivenöl (aus der Toskana oder Sizilien) auf den Tisch stellen, das sich dann jeder Gast nach Geschmack über die Bohnen träufeln kann.

Diese einfache und typisch toskanische Vorspeise lebt einmal mehr von der Qualität der Zutaten. Cannellini-Bohnen sind besonders feine weiße Böhnchen, die zur Not durch normale weiße Bohnen ersetzt werden können. Feinstes grünfruchtiges Olivenöl mit leicht grasigen Aromen ist indes ein absolutes Muss!

fave alla romana
dicke bohnen auf römische art

1 rote Zwiebel
100 g Pancetta oder Bauchspeck
1 kg frische dicke Bohnen in der Schote
2-3 EL Olivenöl
frisch gemahlener Pfeffer
Salz

Die Zwiebel schälen und fein hacken. Pancetta oder Bauchspeck in feine Streifen schneiden. Die Bohnenkerne aus den Schoten palen, abbrausen und abtropfen lassen.
In einem schweren Topf das Olivenöl erhitzen und die Zwiebel darin glasig dünsten. Die Speckstreifen dazugeben und 2–3 Minuten braten. Jetzt die Bohnenkerne zugeben, mit Pfeffer würzen und alles gut vermischen.
1 Tasse Wasser angießen und die Bohnen im geschlossenen Topf bei geringer Hitze gar köcheln lassen. Ganz junge Bohnen sind nach ca. 8 Minuten weich, ältere Kerne brauchen 15 Minuten oder mehr; deshalb ab und zu mit einer Gabel prüfen. Bei Bedarf etwas Wasser ergänzen. Wenn die Bohnen weich sind, salzen und im offenen Topf bei großer Hitze unter ständigem Rühren weiterkochen, bis alle Flüssigkeit verdampft ist. Sofort servieren und dicke Scheiben knuspriges Weißbrot dazu reichen.

Auch wer kein ausgewiesener Fan von dicken Bohnen – bzw. Saubohnen, wie sie hierzulande auch genannt werden – ist, sollte sich den Gefallen tun, dieses in Rom sehr beliebte Rezept wenigstens einmal mit wirklich jungen Bohnen auszuprobieren. Wem das nicht schmeckt, der mag tatsächlich keine dicken Bohnen!

warme vorspeisen mit gemüse & käse

bietole alla romana
mangold auf römische art

800 g Mangold
Salz
frisch gemahlener Pfeffer
1 Zwiebel
1 Knoblauchzehe
4 Tomaten
6 EL Olivenöl extra vergine
3 Sardellenfilets

Vom Mangold den Stielansatz abschneiden. Die Blätter gründlich waschen und quer in etwa 1/2 Zentimeter breite Streifen schneiden. Die Streifen tropfnass in einen Topf legen, salzen und bei aufgelegtem Deckel zum Kochen bringen. 6–8 Minuten dünsten, in einem Sieb gut abtropfen lassen und auf einer vorgewärmten Platte anrichten. Mit Pfeffer übermahlen.
Zwiebel und Knoblauchzehe schälen und fein hacken. Die Tomaten überbrühen, häuten, vom Stielansatz befreien und das Fruchtfleisch fein würfeln. Olivenöl in einer Pfanne erhitzen, die Sardellenfilets darin zerdrücken und auflösen. Zwiebel und Knoblauch zugeben und bei geringer Hitze leicht bräunen. Die Tomaten zugeben und kurz dünsten. Den Pfanneninhalt über die Mangoldstreifen geben, lauwarm servieren.

Ähnlich wie Spinat fallen Mangoldblätter beim Blanchieren rasch in sich zusammen, während die festen Stiele eine längere Garzeit haben. Werden diese jedoch in feine Streifen geschnitten, gleicht sich die Garzeit an.

radicchio di treviso al forno
radicchio di treviso aus dem ofen

ca. 700 g Radicchio di Treviso
Salz
frisch gemahlener Pfeffer
6 EL Olivenöl extra vergine

Der längliche Radicchio aus Treviso ist wirklich ein feines Gemüse. Leider ist dieser edle Verwandte des kleinen runden Radicchios hier nur selten zu bekommen. Diese Zubereitungsform ist bestens geeignet, den wunderbaren Geschmack dieser Gemüserarität pur zu genießen. Auf die gleiche Weise können Sie aber auch Chicorée oder den handelsüblichen Radicchio zubereiten.

Den Backofen auf 200 °C vorheizen. Den Radicchio vierteln, waschen und trockenschleudern (den Strunk dieser Sorte kann man mitessen, bei anderen muss er herausgeschnitten werden, da er zu bitter ist). Die Viertel mit einer der Schnittflächen nach unten in eine passend große Auflaufform legen. Salzen, pfeffern und gleichmäßig mit dem Olivenöl beträufeln. Die Form auf mittlerer Schiene in den Backofen schieben. Den Radicchio knapp 30 Minuten garen, dabei alle 10 Minuten wenden. Das Gemüse ist fertig, wenn der Strunk weich ist (Gabelprobe machen!). Das Gemüse vor dem Servieren einige Minuten ruhen lassen, denn der gebratene Radicchio schmeckt lauwarm am besten.

carciofi alla romana
artischocken auf römische art

4 große Artischocken mit Stiel
Saft von 1/2 Zitrone
1/2 Bund glatte Petersilie
8 frische Minzeblätter
2 Knoblauchzehen
8 EL Olivenöl extra vergine
Salz
frisch gemahlener Pfeffer

Madonna –, geschafft! Zugegeben, die Vorbereitung der Artischocken liest sich im ersten Anlauf nicht ganz einfach, aber die Beschreibung klingt komplizierter, als ihre Ausführung ist. Und außerdem wird die Mühe durch ein köstliches Ergebnis mehr als belohnt. Wer die Skepsis überwindet und die Zubereitung der stacheligen Distelblüte einmal beherrscht, kann das Gemüse für nahezu alle anderen Artischocken-Rezepte nach demselben Prinzip vorbereiten. Artischocken mögen übrigens weder im Kühlschrank aufbewahrt noch wieder aufgewärmt werden.

Die Artischocken vorbereiten. Dafür die äußeren harten Blätter vollständig entfernen. Die übrigen Blätter vom Stiel ausgehend nach außen biegen und kurz über dem Boden abbrechen – die dunklen Teile der Blätter sind hart und ungenießbar, das helle untere Ende hingegen zart und wohlschmeckend. Fortfahren, bis ein geschlossener Kegel aus Blättern mit grünen Spitzen freigelegt ist. Von der Kegelspitze 2–3 Zentimeter abschneiden, so dass alle grünen Teile entfernt sind. Die frischen Schnittstellen mit Zitronensaft einreiben, damit sie sich nicht verfärben. Aus dem Inneren der Artischocken die feinen Blättchen mit stacheligen, nach innen gerollten Spitzen ebenso entfernen wie das darunterliegende „Heu", das geht gut mit einem schmalen Teelöffel oder einem Kugelausstecher. Dabei den zarten Boden unversehrt lassen. Die Stiele auf ca. 8–10 Zentimeter kürzen, vorsichtig schälen und ebenfalls mit Zitronensaft einreiben. Zum Schluss noch den Übergang vom Stiel zum Boden von allen harten grünen Blattresten befreien.

Petersilie und Minze abbrausen, trockentupfen, die Blättchen abzupfen und hacken. Knoblauch schälen und hacken. Petersilie, Minze und Knoblauch mit etwas Olivenöl zu einer festen Paste verrühren, salzen und pfeffern. Gut zwei Drittel davon in die Artischocken füllen und gut andrücken. Diese dann mit den Stielen nach oben nebeneinander in einen hohen Topf setzen und mit der restlichen Paste bestreichen. Das verbliebene Olivenöl angießen und so viel Wasser einfüllen, dass die Artischocken etwa zu einem Drittel in Flüssigkeit stehen. Den Topf mit einem feuchten Küchentuch abdecken, darauf den Deckel setzen. Die Artischocken bei mittlerer Hitze 35–45 Minuten garen (Gabelprobe machen!), evtl. Wasser ergänzen. Die fertigen Artischocken mit den Stielen nach oben auf eine Servierplatte setzen und lauwarm abkühlen lassen (dann schmecken sie am besten). Die Garflüssigkeit einkochen lassen und vor dem Servieren über das Gemüse träufeln. Mit frischem Baguette oder Ciabatta genießen.

carciofi alla giudea
artischocken auf jüdische art

4 mittelgroße frische,
junge Artischocken
Saft von 1/2 Zitrone
Salz
frisch gemahlener Pfeffer
neutrales Öl zum Braten

Die Artischocken wie im Rezept für Artischocken auf römische Art (S. 54) beschrieben vorbereiten, jedoch die Stiele ganz abschneiden. Die Schnittstellen gegen das Verfärben mit Zitronensaft einreiben. Die geputzten Artischocken vorsichtig öffnen und so flach wie möglich drücken, ohne die Blätter zu brechen. Leicht salzen und pfeffern.

In eine tiefe Pfanne etwa 4 Zentimeter hoch Öl einfüllen und nicht zu stark erhitzen. Die Artischocken mit der Unterseite zuerst in das heiße Öl legen und gut 5 Minuten braten. Dann umdrehen und weiterbraten, bis sie gar sind (die Artischockenböden müssen sich beim Einstechen weich anfühlen). Das kann – je nach Frische – 15 Minuten oder mehr dauern. Vorsicht: Die Artischocken dürfen dabei nicht verbrennen! Das Gemüse aus der Pfanne heben.

Das Öl jetzt sehr stark erhitzen. Die Artischocken einzeln mit dem Stiel nach oben einlegen und mit einem Pfannenwender für 2–3 Minuten fest auf den Pfannenboden drücken. Herausnehmen, umgedreht auf ein Tuch oder Küchenpapier legen und (sofort!) mit kaltem Wasser besprengen (Vorsicht, das spritzt!). Die Artischocke ist jetzt ganz geöffnet und erinnert in der Form an eine Chrysantheme. Durch das kalte Wasser werden die Blätter schön kross. Die Artischocken schmecken ganz heiß oder lauwarm gleichermaßen gut.

In der italienischen Küche finden sich – wie in ganz Europa – immer wieder jüdische Einflüsse. Dieses Rezept zeugt davon. So zubereitet sind die Artischocken – außen knusprig und innen zart und saftig – ein Gedicht. Und, ganz gleich ob solo serviert oder im Zentrum eines gemischten Vorspeisentellers, ein besonderer Augenschmaus sind sie obendrein.

scorzonera fritta
frittierte schwarzwurzeln

600 g Schwarzwurzeln
Saft von 1/2 Zitrone
Salz
2 Eier
50 g frisch geriebener Parmesan
100 g Mehl
frisch gemahlener Pfeffer
Olivenöl zum Frittieren
2 TL frische Thymianblättchen

Die Schwarzwurzeln unter fließendem kaltem Wasser mit dem Sparschäler dünn schälen und in 4–5 Zentimeter lange Stücke schneiden. In einer Schüssel kaltes Wasser mit Zitronensaft mischen und die Schwarzwurzelstücke sofort hineinlegen, damit sie nicht braun werden. Das Gemüse gut 10 Minuten in kochendem Salzwasser bissfest garen. Abgießen und abtropfen lassen.

In der Zwischenzeit die beiden Eier trennen. Eigelbe mit 50 Milliliter kaltem Wasser verquirlen, geriebenen Parmesan und Mehl einrühren, mit Salz und Pfeffer würzen. Eiweiße steif schlagen und locker unter den Teig heben.

Reichlich Öl in einem Topf oder einer Fritteuse erhitzen. Die Schwarzwurzelstücke durch den Ausbackteig ziehen und im heißen Öl goldbraun frittieren. Auf Küchenpapier abtropfen lassen, mit Thymian bestreuen und rasch servieren.

Dieses knusprige Fingerfood macht sich gut in einem Antipasto misto und lässt sich vielseitig variieren. Versuchen Sie es z. B. mit Blumenkohl- oder Brokkoliröschen, Zucchinischeiben, Fenchelstücken oder kleinen weißen Zwiebelchen. Zarte Gemüse wie Blumenkohl, Brokkoli oder Zucchini brauchen dabei nur 2–3 Minuten blanchiert zu werden. Eine durchgepresste Knoblauchzehe verleiht dem Ausbackteig zusätzliche Würze.

asparagi al forno
überbackener spargel

1 kg grüner Spargel
Salz
1 Prise Zucker
100 g Butter
50 g frisch geriebener Parmesan
2 EL Semmelbrösel
frisch gemahlener Pfeffer

Den Backofen auf 200–220 °C vorheizen. Den Spargel im unteren Drittel schälen und die Enden abschneiden. Die Stangen je nach Dicke 10–12 Minuten in Salzwasser mit Zucker garen. Herausheben und gründlich abtropfen lassen. Butter in einer Pfanne leicht bräunen lassen. Die Spargelstangen in eine feuerfeste Form schichten. Den geriebenen Käse mit den Semmelbröseln mischen und gleichmäßig darüberstreuen. Mit der Butter beträufeln und im Backofen 3–4 Minuten überbacken. Mit grob gemahlenem Pfeffer würzen und heiß servieren.

Für eine edle Variante den Spargel zusätzlich mit Parmaschinken umwickeln: Nehmen Sie jeweils 1 hauchdünne Scheibe Schinken für 2–3 Stangen Spargel. Mit mehr Schinken wird das Gericht schnell zu salzig!

pomodori ripieni I
gefüllte tomaten I

1 Knoblauchzehe
4 große, feste Tomaten
2 Eier
100 g Semmelbrösel
50 g frisch geriebener Pecorino
2 EL fein gehackte glatte Petersilie
1 Prise Zucker
frisch geriebene Muskatnuss
Salz
frisch gemahlener Pfeffer
Olivenöl für die Form

Den Backofen auf 175 °C vorheizen. Knoblauch schälen und hacken. Die Tomaten aushöhlen, dafür zuvor Deckel abschneiden. Das Innere fein würfeln. Die Eier verquirlen und mit Knoblauch, Tomateninnerem, Semmelbröseln, Pecorino und Petersilie vermischen. Mit Zucker, Muskat, Salz und Pfeffer würzen. Die Mischung in die Tomaten füllen und mit den passenden Deckeln verschließen. Eine feuerfeste Form mit Olivenöl auspinseln, die gefüllten Tomaten hineinsetzen und im vorgeheizten Backofen ca. 25 Minuten backen.

Die Küchen Kalabriens und Siziliens kennen viele köstliche Rezepte für gefüllte Tomaten (siehe auch auf dieser Seite unten).

pomodori ripieni II
gefüllte tomaten II

2 Zwiebeln
2 Knoblauchzehen
4-6 Sardellenfilets
4 große, feste Tomaten
50 g entsteinte schwarze Oliven
1 Bund glatte Petersilie
6 EL Olivenöl extra vergine
Saft von 1/2 Zitrone
2 EL Kapern
50 g frisch geriebener Pecorino oder Parmesan
4 EL Semmelbrösel
Salz, frisch gemahlener Pfeffer
Öl für die Form

Den Backofen auf 175 °C vorheizen. Zwiebeln und Knoblauch schälen und fein hacken. Sardellen abspülen und trockentupfen. Tomaten aushöhlen, dafür zuvor Deckel abschneiden. Tomateninneres und Deckel fein würfeln. Oliven hacken. Petersilie abbrausen, trockentupfen, die Blättchen abzupfen und fein hacken. Olivenöl in einer Pfanne erhitzen, Zwiebeln darin glasig dünsten. Knoblauch, Sardellen, Tomatenwürfel und Zitronensaft zugeben. Unter Rühren schmoren, bis die Flüssigkeit verdampft ist. Oliven, Kapern und die Hälfte der Petersilie zugeben, kurz mitschmoren und vom Herd nehmen. Käse und Semmelbrösel unterrühren, alles salzen und pfeffern. Die Tomaten mit der Masse füllen, mit je 1 Esslöffel Olivenöl beträufeln, in eine mit Öl ausgepinselte Auflaufform setzen und ca. 25 Minuten im Backofen garen. Vor dem Servieren mit der restlichen gehackten Petersilie bestreuen.

cappelle di funghi ripiene al forno
gefüllte champignons aus dem ofen

20–30 g getrocknete Steinpilze
1/4 l lauwarmes Wasser
1 Knoblauchzehe
4–5 Basilikumblätter
2 Scheiben altbackenes Weißbrot
1/8 l Milch
12–16 frische Riesenchampignons (ca. 300–350 g)
2 EL fein gehackte glatte Petersilie
1/2 TL fein gehackter Majoran
1 Eiweiß
Salz
frisch gemahlener Pfeffer
3 EL Semmelbrösel
Olivenöl für die Form
4 EL Olivenöl extra vergine

Die getrockneten Steinpilze ca. 30 Minuten im lauwarmen Wasser einweichen. Herausnehmen, abspülen und abtropfen lassen. Das Einweichwasser durch ein Stück Küchenpapier oder einen Kaffeefilter in einen Topf seihen. Die Steinpilze zugeben und alles bei starker Hitze offen kochen lassen, bis die Flüssigkeit verdampft ist. Die gegarten Pilze etwas abkühlen lassen und fein hacken. Knoblauch schälen und ebenfalls fein hacken. Die Basilikumblättchen waschen, trockentupfen und in feine Streifen schneiden. Das Brot entrinden und in der Milch einweichen.

Den Backofen auf 200 °C vorheizen. Die Champignons mit Küchenpapier abreiben, putzen und die Stiele herausdrehen, ohne die Hüte zu verletzen. Stiele fein hacken und mit Steinpilzen, Knoblauch, Petersilie, Majoran und Basilikum in eine Schüssel geben. Das Weißbrot gut ausdrücken, zerpflücken und mit dem Eiweiß zugeben. Salzen, pfeffern und alles gut vermischen. Die Champignonköpfe mit der Masse füllen und mit Semmelbröseln bestreuen. Eine entsprechend große feuerfeste Form mit Olivenöl auspinseln und die gefüllten Champignons nebeneinander hineinsetzen. Die Pilze mit Olivenöl beträufeln und im Backofen auf der obersten Schiene etwa 30 Minuten backen, bis die Oberfläche leicht gebräunt ist und eine feine Kruste bekommen hat. Die gefüllten Champignons vor dem Servieren einige Minuten ruhen lassen.

Für eine deftigere Variante können Sie 100 Gramm Pancetta oder Bauchspeck fein würfeln und mit in die Füllung geben. Nur wenige getrocknete Steinpilze reichen aus, das eher zurückhaltende Aroma der Zuchtchampignons sehr schön zu verstärken.

fiori di zucchine ripieni
gefüllte zucchiniblüten

2 Eier
3 EL Mehl
1 Prise Salz
1/2 Bund Schnittlauch
12 schöne Zucchiniblüten
1 Becher Ricotta (250 g)
2 EL Olivenöl extra vergine
4 EL frisch geriebener Parmesan
frisch geriebene Muskatnuss
frisch gemahlener Pfeffer
Olivenöl zum Ausbacken

Aus Eiern, Mehl, 4 Esslöffeln kaltem Wasser und Salz einen glatten Teig rühren. Schnittlauch abbrausen, trockentupfen und in feine Röllchen schneiden. Mit einer Schere die Zucchiniblüten vorsichtig von den Staubgefäßen befreien und die Kelchblätter abzupfen. Die Blüten vorsichtig unter fließendem Wasser abbrausen und abtropfen lassen. Ricotta mit Olivenöl, Schnittlauch und Parmesan verrühren, mit etwas Muskat und Pfeffer würzen. Die Blüten mit der Masse füllen und vorsichtig zudrehen.
In einer tiefen Pfanne reichlich Olivenöl erhitzen. Die Blüten portionsweise in den vorbereiteten Teig tauchen und im heißen Öl von allen Seiten goldbraun ausbacken. Herausheben, kurz auf Küchenpapier abtropfen lassen und heiß servieren.

Man kann die empfindlichen Blüten auch mit Hilfe eines Spritzbeutels füllen. Achten Sie beim Einkauf darauf, dass die Blütenkelche unversehrt sind.
Zucchiniblüten werden im Veneto auch ungefüllt ausgebacken und dann als Apéritif oder mit Puderzucker bestreut als Dessert serviert.

Gegrillte
Gemüsespießchen
Rezept S. 48

warme vorspeisen mit gemüse & käse

bruschetta con uova e spinaci
bruschetta mit ei und spinat

700 g frischer Blattspinat
1 Knoblauchzehe
4 EL Olivenöl extra vergine
100 g frisch geriebener Parmesan
4 Scheiben italienisches Weißbrot
4 Eier
frisch gemahlener Pfeffer

In der Luxusvariante dieser köstlichen Speise sparen Sie sich zum Schluss den Parmesan und hobeln dafür nach Belieben Trüffel – am liebsten weiße aus Alba – über die fertigen Bruschette.

Den Backofen auf 180 °C vorheizen. Spinat putzen, gründlich waschen und tropfnass in eine große Pfanne geben. Bei großer Hitze zugedeckt in 2–3 Minuten zusammenfallen lassen. Herausnehmen, gut ausdrücken und fein hacken. Knoblauch schälen und ebenfalls hacken. Die Hälfte des Olivenöls in der Pfanne erhitzen. Den Spinat mit dem Knoblauch darin gut 5 Minuten dünsten. Vom Herd nehmen, die Hälfte des Parmesans untermischen und abkühlen lassen.
Die Brotscheiben kurz antoasten, auf ein Backblech legen und mit dem restlichen Olivenöl beträufeln. Spinat so auf den Broten anordnen, dass in der Mitte eine Kuhle entsteht. Dahinein je 1 Ei schlagen, pfeffern und mit dem restlichen Parmesan bestreuen. Die Bruschette im Ofen ca. 10 Minuten überbacken, bis das Eiweiß gestockt ist. Heiß servieren.

bruschetta di caprino e noci
bruschetta mit ziegenkäse und walnüssen

4 Scheiben helles, knuspriges Landbrot
2 EL Olivenöl extra vergine
250 g Ziegenfrischkäse
1 TL grob gehackte frische Rosmarinnadeln
4 EL grob gehackte Walnusskerne
4 TL Honig

Den Grill des Backofens vorheizen. Die Brotscheiben darunter von beiden Seiten leicht rösten, etwas abkühlen lassen und mit Olivenöl beträufeln. Den Ziegenkäse auf die Brote streichen, mit Rosmarin und Walnüssen bestreuen und mit Honig beträufeln.
Die Brote dicht unter den Grill schieben und kurz überbacken, bis der Käse leicht zu bräunen beginnt. Herausnehmen und servieren.

Diese feinen Häppchen werden garantiert nicht kalt!

frittata con cipolle
omelett mit zwiebeln

350 g Zwiebeln	Die Zwiebeln schälen und in sehr dünne Scheiben schneiden.
2–3 EL Olivenöl	Das Olivenöl in einer Pfanne erhitzen und die leicht gesalze-
Salz	nen Zwiebeln darin bei mäßiger Hitze langsam goldbraun
4 Eier	schmoren. Aus der Pfanne nehmen und auf Küchenpapier
3 EL frisch geriebener Parmesan	abtropfen lassen.
frisch gemahlener Pfeffer	Die Eier in einer Schüssel verquirlen. Zwiebeln und geriebe-
1 EL Butter	nen Parmesan zugeben, mit Salz und Pfeffer würzen und alles

gut vermischen. Die Butter in einer beschichteten Pfanne zerlassen. Sobald sie zu schäumen beginnt, die Eiermischung hineingießen und die Frittata wie im Rezept für Zucchiniblüten-Omelett (S. 64) garen und servieren.

warme vorspeisen mit gemüse & käse

frittata con fiori di zucca
zucchiniblüten-omelett

400 g Zucchiniblüten
Mehl
Öl zum Frittieren
4 Eier
2 EL frisch geriebener Parmesan
Salz
frisch gemahlener Pfeffer
2 EL Butter
2 EL Olivenöl

Mit einer Schere die Zucchiniblüten von den Staubgefäßen befreien und die Kelchblätter abzupfen. Die Blüten vorsichtig unter fließendem Wasser abbrausen, trockenschütteln und in Mehl wenden. Reichlich Öl in einer Pfanne erhitzen und die Blüten darin rundum goldbraun frittieren. Herausheben und auf Küchenpapier abtropfen lassen.
Inzwischen die Eier in eine Schüssel schlagen, mit dem geriebenen Parmesan verquirlen und mit Salz und Pfeffer würzen. Butter und Olivenöl zusammen in einer beschichteten Pfanne nicht zu stark erhitzen. Die frittierten Blüten in die Pfanne legen, die Eier darübergießen und ohne Umrühren bei geringer Hitze stocken lassen. Das Omelett wenden und noch 3–4 Minuten weiterbraten. Zum Servieren die Frittata in Tortenstücke schneiden. Sie schmeckt sowohl heiß als auch lauwarm.

Wem das Wenden des Omeletts nicht so leicht von der Hand geht, der kann die Pfanne auch kurz unter den Grill im Bachofen schieben, um die Oberseite des Omeletts zu garen. Aber Vorsicht, dass es nicht verbrennt!

mozzarella impanata
panierter mozzarella

300 g Büffel-Mozzarella	Mozzarella in 1 Zentimeter dicke Scheiben schneiden. Eier mit etwas Salz gut verquirlen. Mozzarellascheiben erst in Mehl wenden, dann durch das verquirlte Ei ziehen und zum Schluss in Semmelbröseln wälzen. Die Panade gut andrücken.
2 Eier	
Salz	
Mehl und Semmelbrösel zum Panieren	
Olivenöl zum Ausbacken	In einer weiten Pfanne reichlich Olivenöl erhitzen, die Mozzarellascheiben darin von beiden Seiten goldbraun backen. Herausheben, kurz auf Küchenpapier abtropfen lassen und auf einem Teller anrichten. Mit Thymianblättchen bestreut sofort servieren.
1 TL frische Thymianblätter	

Entscheidend für den Erfolg dieses Rezepts ist einmal mehr die Qualität des Mozzarellas. Wer die kleinen, eingeschweißten Gummikugeln aus dem Supermarkt verwendet, wird sich möglicherweise fragen, worin der Reiz dieser Vorspeise liegt.

mozzarella in carrozza
mozzarella in der kutsche

200 g Büffel-Mozzarella
8 große Scheiben Weißbrot vom Vortag
Salz, frisch gemahlener Pfeffer
1 TL frische Thymianblätter
(oder 1/2 TL getrockneter Thymian)
Mehl
2 Eier
60 ml Milch
Olivenöl zum Ausbacken

Mozzarella in 8 Scheiben schneiden. Weißbrotscheiben entrinden und halbieren – dabei sollen die Hälften etwas größer als die Käsescheiben sein. Je 1 Scheibe Mozzarella auf 1 Brothälfte legen, mit Salz, Pfeffer und Thymian würzen und mit 1 weiteren Brothälfte abdecken. Die Ränder kurz in kaltes Wasser tauchen und gut zusammendrücken. Die Brote in Mehl wälzen und in eine Schüssel legen. Eier mit Milch verquirlen und leicht salzen. Über die Brote gießen und einziehen lassen, dabei einmal wenden.
In einer Pfanne reichlich Olivenöl erhitzen und die Mozzarella-Brote darin von beiden Seiten goldbraun ausbacken. Herausheben, kurz auf Küchenpapier abtropfen lassen und heiß servieren.

„Mozzarella in der Kutsche" klingt doch viel schöner als „frittiertes Käsebrot" – und es schmeckt auch besser!

warme vorspeisen mit gemüse & käse

fonduta
piemonteser käsefondue

200 g Fontina
200 ml Milch
2 Eigelb
40 g zerlassene Butter
frisch gemahlener weißer Pfeffer
italienisches Weißbrot

Am besten am Vortag den Fontina klein würfeln, in einer Schüssel mit 150 Millilitern Milch bedecken und einige Stunden oder über Nacht ziehen lassen.
Dann die Käse-Milch-Mischung bei geringer Hitze – am besten über einem heißen Wasserbad – schmelzen lassen. Die Eigelbe mit der restlichen Milch verquirlen und langsam unterrühren. So lange weiterrühren, bis die Masse leicht andickt. Die zerlassene Butter untermischen und mit Pfeffer würzen. Die Fonduta in kleine vorgewärmte Portionsschälchen schöpfen und sofort servieren. Frisch geröstete Brotscheiben zum Dippen dazu reichen.

Wenn's etwas teurer werden darf: Im Piemont krönt man dieses einfache Gericht mit weißer Albatrüffel, die hauchdünn über die Käsemasse gehobelt wird.
Fonduta ist nicht gerade eine sommerlich leichte Vorspeise, aber die weißen Trüffel werden ja auch erst im Herbst gefunden. Und wenn es dann draußen so richtig kalt und ungemütlich ist, wärmt eine kleine Fonduta von innen ganz wunderbar, ob mit oder ohne Trüffel.

flan al parmigiano
parmesanflan

Für 6–8 kleine Auflaufförmchen

Für die Flans:
50 g Mehl
60 g Butter
1/2 l heiße Milch
150 g fein geriebener Parmesan
3 Eier

Außerdem:
Butter für die Förmchen
2 Birnen
4–8 EL Balsamico-Reduktion
(siehe Tipp S. 23)

Man kann dieses Gericht natürlich auch mit echtem Aceto Balsamico Tradizionale servieren (siehe auch S. 6)

Den Backofen auf 180 °C vorheizen. Für die Flans eine Béchamelsauce zubereiten. Dazu das Mehl in der Butter hell anschwitzen, die heiße Milch aufgießen, gut verrühren und aufkochen lassen. Vom Herd nehmen und erst den Parmesan, dann die Eier gründlich unterrühren. Die Flanmasse in gut gebutterte Förmchen füllen und diese in die Fettpfanne setzen. Etwa 2 Zentimeter hoch heißes Wasser um die Flans gießen und ca. 25 Minuten auf der mittleren Schiene des Backofens garen. Sollte die Oberfläche zu stark bräunen, mit Alufolie abdecken.

Die fertigen Flans herausnehmen, ca. 10 Minuten abkühlen lassen und auf Teller stürzen. Birnen schälen, halbieren, vom Kerngehäuse befreien und fächerförmig einschneiden. Jeweils einen Birnenfächer neben jedem Flan dekorieren und mit 1–2 Esslöffeln Balsamico-Reduktion beträufeln.

warme vorspeisen
antipasti caldi
mit fleisch & fisch

Die warmen Vorspeisen mit Fleisch und Fisch lassen sich, ebenso wie die des vorangehenden Kapitels, oft gut vorbereiten, da die meisten von ihnen lauwarm am besten schmecken. Für einen üppigen Vorspeisenschmaus bietet es sich an, kalte und warme Antipasti aus allen Kapiteln dieses Buches zu kombinieren. Zaubern Sie doch einmal eine Platte mit gratinierten Muscheln aus dem Backofen, während ihre Gäste sich noch an gefüllten Oliven oder Crostini di fegato erfreuen. Um den Erfolg eines solchen Essens brauchen Sie sich keine Gedanken zu machen!

Spargel mit Sardellensauce
Rezept S. 80

zucchine ripiene
gefüllte zucchini

4 mittelgroße Zucchini
Salz
1 kleine Zwiebel
1 Knoblauchzehe
3-4 Tomaten
1 Scheibe altbackenes Weißbrot
3 EL Olivenöl extra vergine
frisch gemahlener Pfeffer
2 EL fein gehackte glatte Petersilie
2 EL frisch geriebener Parmesan
150 g Gehacktes vom Rind

Zucchini putzen und in Salzwasser 3–4 Minuten blanchieren. Kalt abschrecken und abkühlen lassen. Inzwischen Zwiebel und Knoblauch schälen und fein hacken. Tomaten überbrühen, häuten, vom Stielansatz befreien und das Fruchtfleisch grob würfeln. Weißbrot entrinden, würfeln und in kaltem Wasser einweichen.

In einem breiten Topf 2 Esslöffel Olivenöl erhitzen, Zwiebel und Knoblauch darin glasig dünsten. Tomaten zugeben, salzen, pfeffern und bei geringer Hitze einkochen lassen. Inzwischen die Zucchini längs halbieren und mit einem Löffel etwas aushöhlen. Das Innere fein hacken und in eine Schüssel geben. Das Brot gut ausdrücken und mit 1 Esslöffel Petersilie und geriebenem Parmesan zu den Zucchiniwürfeln geben. Das restliche Olivenöl in einer neuen Pfanne erhitzen, das Hackfleisch darin krümelig braten und ebenfalls in die Schüssel geben. Alles gut vermengen und mit Salz und Pfeffer kräftig würzen. Die Masse in die Zucchinihälften füllen. Diese nebeneinander auf die vorbereitete Tomatensauce in den Topf setzen und alles zugedeckt ca. 20 Minuten schmoren lassen. Mit der restlichen Petersilie bestreut servieren.

cipolle ripiene
gefüllte zwiebeln

4 große weiße Zwiebeln
(à ca. 100 g)
Salz
1/2 Bund glatte Petersilie
4–6 frische Salbeiblätter
4 EL Butter
150 g Gehacktes vom Rind
frisch gemahlener Pfeffer
2 cl Grappa
1 Ei
2 EL frisch geriebener Parmesan
2 EL Semmelbrösel
3–4 EL Weißwein

Den Backofen auf 200 °C vorheizen. Die Zwiebeln schälen und 10 Minuten in kochendem Salzwasser blanchieren. Herausnehmen, gut abtropfen lassen, quer halbieren und jede Hälfte zu etwa einem Drittel aushöhlen. Das Innere fein hacken. Petersilie waschen, trockentupfen, die Blättchen abzupfen und hacken. Salbeiblätter abspülen, trockentupfen und grob hacken.

In einer Pfanne 1 Esslöffel Butter zerlassen, das Hackfleisch und die Hälfte des Zwiebelinneren darin kräftig anbraten. Mit Salz und Pfeffer würzen und mit Grappa ablöschen. Wenn die Flüssigkeit verdampft ist, vom Herd nehmen und abkühlen lassen. Ei, geriebenen Parmesan und die Hälfte der Petersilie zugeben und alles gut mischen. Die Hackfleischmasse noch einmal mit Salz und Pfeffer abschmecken und in die ausgehöhlten Zwiebelhälften füllen.

Eine feuerfeste Form mit 1 Esslöffel Butter einfetten und das restliche Zwiebelinnere darin verteilen. Darauf nebeneinander die gefüllten Zwiebeln setzen.

Die verbliebene Butter in der Pfanne erhitzen, die Semmelbrösel darin goldbraun rösten. Brösel und Salbei und Wein auf den gefüllten Zwiebeln verteilen, den Wein darüber träufeln und die Form in den Backofen schieben (mittlere Schiene). Die Zwiebeln 35–40 Minuten garen. Herausnehmen und mit der restlichen Petersilie bestreut servieren. Frisches Weißbrot dazu reichen, mit dem man den köstlichen Bodensatz aus der Form tunken kann.

olive ripiene
gefüllte oliven

3 EL Semmelbrösel
150 ml Brühe
100 g durchwachsener Speck
200 g Gulasch (halb Rind, halb Schwein)
50 g Hühnerleber
2 EL Olivenöl
1 EL Tomatenmark
2 Eier
3 EL frisch geriebener Parmesan
frisch geriebene Muskatnuss
Salz
frisch gemahlener Pfeffer
ca. 50 große grüne Oliven ohne Stein
Mehl und Semmelbrösel zum Panieren
Öl zum Frittieren

Semmelbrösel in der Brühe einweichen. Den Speck würfeln. Das Gulasch in kleinere Würfel schneiden. Hühnerleber waschen und trockentupfen. In einer Pfanne das Olivenöl erhitzen und die Speckwürfel darin anbraten. Gulasch zugeben und ebenfalls anbraten. Das Tomatenmark in etwas warmem Wasser auflösen und zum Fleisch gießen, 30 Minuten schmoren lassen. Wenn das Fleisch gar ist, die Hühnerleber zugeben und 5 Minuten mitbraten. Anschließend den gesamten Pfanneninhalt durch den Fleischwolf drehen oder im Blitzhacker fein hacken.

Die Masse mit 1 Ei, Parmesan und den eingeweichten Semmelbröseln gut vermengen. Mit Muskat, Salz und Pfeffer würzen. Die Oliven mit dieser Farce füllen und zum Panieren zuerst in Mehl, dann im verbliebenen, verquirlten Ei und zum Schluss in Semmelbröseln wenden. In einer großen Pfanne oder der Fritteuse reichlich Öl erhitzen und die panierten Oliven darin knusprigbraun frittieren. Herausheben, kurz auf Küchenpapier abtropfen lassen und heiß servieren.

arancini di riso
frittierte reiskugeln

Für die Füllung:
1 Zwiebel
100 g Putenbrustfilet
1 Stange Staudensellerie
1/2 Bund glatte Petersilie
1/2 Bund frisches Basilikum
3 EL Olivenöl
1 EL Butter
100 g Gehacktes vom Rind
Salz
frisch gemahlener Pfeffer
2 EL Tomatenmark
150 ml heiße Fleischbrühe
100 g feine Erbsen (TK)

Für den Reis:
250 g Risotto-Reis (z.B. Arborio)
Salz, 1 Döschen Safranfäden (0,1 g)
2 EL Butter
3 EL frisch geriebener Pecorino
1 Ei

Außerdem:
Mehl, 1 Ei und Semmelbrösel zum Panieren
Öl zum Ausbacken

Tatsächlich sehen diese kleinen Reiskugeln aus wie Orangen – daher ihr italienischer Name. Wer diesen Effekt noch verstärken will, kann jede Kugel noch mit 1 (frischem) Lorbeerblatt versehen.

Für die Füllung die Zwiebel schälen und hacken. Die Putenbrust waschen, trockentupfen und fein würfeln. Sellerie putzen und ebenfalls fein würfeln. Petersilie und Basilikum abbrausen, trockentupfen, die Blättchen von den Stängeln zupfen und hacken.

Olivenöl und Butter zusammen in einer Pfanne erhitzen und die Zwiebel darin glasig dünsten. Putenfleisch und Gehacktes zugeben und kräftig anbraten. Staudensellerie und Petersilie untermischen, salzen und pfeffern. Das Tomatenmark in der Fleischbrühe auflösen und zum Fleisch gießen. Die Erbsen unaufgetaut zugeben, umrühren und alles im geschlossenen Topf bei geringer Hitze schmoren lassen, bis alle Flüssigkeit verdampft ist (ca. 30 Minuten).

In der Zwischenzeit für den Reis 1/2 Liter Salzwasser zum Kochen bringen. Den Reis einrieseln lassen, Safran zufügen. Unter häufigem Rühren in ca. 20 Minuten bissfest garen. Die Butter und den geriebenen Pecorino mit dem heißen Reis verrühren. Etwas abkühlen lassen und dann das Ei gründlich untermischen.

Die Fleischfüllung vom Herd nehmen, gehacktes Basilikum untermischen und eventuell noch einmal mit Salz und Pfeffer abschmecken. In einem tiefen Teller das Ei zum Panieren verquirlen und mit wenig Salz und Pfeffer würzen. Mehl und Semmelbrösel in zwei weitere Teller füllen. In einem Topf oder der Fritteuse reichlich Öl erhitzen.

Nun aus dem abgekühlten Reis etwa 8 Kugeln formen. In jede davon mit dem Daumen eine Vertiefung drücken und mit etwa 1 Esslöffel Hackfleischmischung füllen. Die Kugeln sorgfältig wieder verschließen und in Mehl wälzen. Überschüssiges Mehl vorsichtig abklopfen. Die Kugeln in verquirltem Ei und Semmelbröseln wenden und portionsweise im heißen Öl knusprig goldbraun ausbacken. Herausheben, auf Küchenpapier abtropfen lassen und heiß servieren.

warme vorspeisen mit fleisch & fisch

le polpettine dei bacari
venezianische fleischklößchen

120 g fest kochende Kartoffeln
1 altbackenes Brötchen
70 ml Milch
1 Knoblauchzehe
neutrales Pflanzenöl
1/2 TL gehackte Rosmarinnadeln
250 g Tatar oder Hackfleisch
halb Rind, halb Schwein
Salz
frisch gemahlener Pfeffer
1 EL gehackte glatte Petersilie
2 Eier
2-3 EL frisch geriebener Parmesan
Semmelbrösel zum Panieren

Die Kartoffeln in der Schale gar kochen. Vom Brötchen die Rinde abreiben, das Innere grob würfeln und in der Milch einweichen.
Inzwischen Knoblauch schälen. 2 Esslöffel Öl in einer Pfanne erhitzen, Knoblauch hineinpressen, Rosmarin einstreuen und beides 1–2 Minuten anschwitzen. Tatar oder Hackfleisch zufügen, salzen, pfeffern und krümelig braten, bis es gleichmäßig braun ist. In eine Schüssel geben. Die fertig gegarten Kartoffeln abgießen, abschrecken, möglichst heiß pellen und durch die Kartoffelpresse zum Hackfleisch drücken. Brötchenwürfel mit einer Schaumkelle aus der Milch heben und ebenfalls zugeben. Mit gehackter Petersilie, 1 Ei und geriebenem Parmesan zu einer glatten Masse verkneten. Das zweite Ei in einer kleinen Schüssel mit 2–3 Esslöffeln Wasser verquirlen. Die Semmelbrösel in einen tiefen Teller geben. Aus der Fleischmischung lockere Klößchen von etwa 2 1/2 Zentimetern Durchmesser formen, zuerst im verquirltem Ei wenden, dann mit Semmelbröseln panieren.
Gut 1 Zentimeter hoch Öl in eine große Pfanne gießen und sehr heiß werden lassen. Die panierten Fleischklößchen darin nach und nach rasch gleichmäßig braun braten. Immer nur so viele auf einmal braten, wie nebeneinander in der Pfanne gut Platz haben. Die fertigen Fleischklößchen herausheben und auf Küchenpapier abtropfen lassen.

Die köstlichen Fleischklößchen werden traditionell in den venezianischen „bacari" – den Weinbars – angeboten und schmecken am besten lauwarm.

arrosticini abruzzesi
marinierte lammspießchen

300 g Lammschulter ohne Knochen
2 Knoblauchzehen
3 EL Olivenöl extra vergine
Saft von 1/2 Limette
1 TL fein gehackter frischer Majoran
Salz
frisch gemahlener Pfeffer

Das Lammfleisch abbrausen, trockentupfen und in ca. 1 Zentimeter dicke und etwa fingerlange Streifen schneiden, dabei nicht alles Fett entfernen, denn dadurch bleibt das Fleisch beim Braten saftig. Knoblauch schälen und hacken.
In einer Schüssel Olivenöl, Knoblauch, Limettensaft und Majoran gründlich verrühren, mit Salz und Pfeffer kräftig würzen. Das Lammfleisch gut mit der Marinade vermischen und 2–3 Stunden zugedeckt bei Zimmertemperatur durchziehen lassen, dabei ab und zu wenden.
Den Grill des Backofens vorheizen. Das marinierte Lammfleisch so auf die Holzspießchen stecken, dass es an mindestens zwei Stellen durchbohrt ist und recht locker sitzt. Die Spießchen auf den Rost über der Fettpfanne legen und für 3 Minuten unter den Grill schieben, dabei die Ofentür einen Spalt offen lassen. Dann einmal wenden und weitere 3 Minuten grillen. Die knusprigen Lammspießchen sofort servieren und direkt vom Hölzchen essen.

Unter freiem Himmel und über einer Holzkohlenglut gegrillt, schmecken diese köstlichen Appetizer noch mal so gut. – An einem sehr heißen Sommertag lässt man das Fleisch besser 5–6 Stunden im Kühlschrank marinieren, holt es dann aber etwa 1/2 Stunde vor dem Grillen heraus.

crostini di fegato
crostini mit leberpastete

1 Zwiebel
1 Knoblauchzehe
1/2 Stange Staudensellerie
150 g Hühnerleber
1/2 Bund glatte Petersilie
2-3 EL Olivenöl extra vergine
50 ml Vin santo
50 ml trockener Weißwein
1 EL Kapern
Salz
frisch gemahlener Pfeffer
12 kleine Weißbrotscheiben
(Baguette oder Ciabatta)

Zwiebel und Knoblauch schälen und hacken. Staudensellerie putzen und ebenfalls hacken. Hühnerlebern waschen, trockentupfen, von Sehnen befreien und grob würfeln. Petersilie waschen, trockentupfen, die Blättchen abzupfen und hacken. Olivenöl in einer Pfanne erhitzen und die Zwiebel darin glasig dünsten. Knoblauch und Sellerie zugeben. Geflügellebern zum Gemüse geben und einige Minuten braten. Vin Santo und Weißwein angießen, Petersilie und Kapern dazugeben und alles einige Minuten offen schmoren lassen. Vom Herd nehmen, salzen, pfeffern und mit dem Pürierstab zu einer geschmeidigen Paste verarbeiten. Die Brotscheiben rösten und mit der warmen Leberpaste bestrichen servieren.

Vin Santo ist ein edelsüßer italienischer Dessertwein, ähnlich unserer Beerenauslese, und diese kann hier ersatzweise auch verwendet werden.

bagna caôda
piemonteser gemüsefondue mit sardellendip

Für das Gemüse:
Verschiedene rohe Gemüsesorten z.B. Paprikaschoten, Fenchelknollen, Chicorée, Radicchio di Treviso, Spinat, Wirsing, Möhren, Staudensellerie, Zucchini, weiße (Teltower) Rübchen, Blumenkohl, Brokkoli, Champignons, grüner Spargel oder Frühlingszwiebeln

Für den Dip:
150 g Sardellenfilets
5 große Knoblauchzehen
2 EL Butter
1/4 l Olivenöl extra vergine

Bagna caôda bedeutet so viel wie „heißes Bad" (bagno = Bad; caôda = piemontesisch für heiß), und es ist tatsächlich wichtig, dass die Sauce während des Essens heiß gehalten wird.

Das Gemüse putzen bzw. schälen und dekorativ zurechtschneiden: Paprikaschoten in feine Streifen, Fenchel in dünne Scheiben schneiden; Chicorée, Radicchio und Spinat in einzelne Blätter teilen; vom Wirsing nur die feinen Herzblätter verwenden und in Streifen schneiden; Möhren, Staudensellerie, Zucchini und Rübchen in Stifte schneiden; Blumenkohl bzw. Brokkoli in Röschen teilen und 2–3 Minuten blanchieren; Champignons, Spargel und Lauchzwiebeln ganz lassen. Für den Dip die Sardellen gut abspülen, trockentupfen und sehr klein schneiden. Knoblauchzehen schälen. In einer Pfanne die Butter bei geringer Hitze zerlassen und den durchgepressten Knoblauch darin andünsten, ohne dass er Farbe nimmt. Nach und nach das Olivenöl zugießen, dann die Sardellen zugeben. Bei geringster Hitze rühren, bis die Sardellenfilets sich aufgelöst haben und eine leicht cremige Sauce entstanden ist. Diese Bagna caôda in eine Schale umfüllen und auf einem Rechaud warm halten. Für jeden Gast einen Teller mit vorbereitetem Gemüse bereitstellen, das zum Essen in die Sauce getunkt wird. Frisches Landbrot und Grissini dazu reichen.

Als Gemüse eignet sich grundsätzlich alles, was roh gegessen werden kann und Ihnen schmeckt. Es gibt wohl kaum eine zweite Art, Rohkost so köstlich und kommunikativ zu genießen – Nachmachen lohnt sich also unbedingt!

fave in salsa
dicke bohnen in sardellensauce

1,5 kg frische dicke Bohnen
in der Schote
Salz
5 EL Olivenöl extra vergine
1 Knoblauchzehe
4 Sardellenfilets
5–6 EL Rotweinessig
1 EL gehackte glatte Petersilie
frisch gemahlener Pfeffer

Die Bohnen enthülsen, die Kerne in einen Topf geben, mit Wasser bedecken, salzen und bei aufgelegtem Deckel langsam zum Kochen bringen. Je nach Alter der Bohnen in 8–15 Minuten garen.
Inzwischen das Olivenöl in einem kleinen Topf erhitzen. Den Knoblauch schälen, vierteln und darin 1–2 Minuten andünsten. Sardellen abspülen, trockentupfen, fein hacken und in dem Knoblauchöl schmelzen. Rotweinessig und die Hälfte der Petersilie zufügen und einige Minuten köcheln lassen. Die gegarten Bohnen abgießen, in eine Schüssel füllen, mit Sardellensauce übergießen und mit Pfeffer übermahlen. Alles vorsichtig vermischen und knapp 1 Stunde zugedeckt ziehen lassen. Das Bohnengemüse mit der restlichen Petersilie bestreut möglichst lauwarm servieren.

Dicke Bohnen schmecken am besten, solange ihre Schale noch nicht so hart ist. Man kann dieses Gericht auch gut mit Bohnenkernen aus Glas oder Dose zubereiten, vorzugsweise mit einfachen weißen oder Borlottibohnen: Bohnenkerne in ein Sieb geben, abspülen und abtropfen lassen. In einem Topf mit Wasser nur kurz heiß werden lassen, nicht kochen. Danach weiter verfahren wie beschrieben. Mit getrockneten Bohnen geht es auch, dauert nur viel länger (über Nacht einweichen, ca. 45 Minuten Garzeit).

fagiolini alla genovese
grüne bohnen genueser art

500 g junge grüne Bohnen
Salz
4 Sardellenfilets
2 Knoblauchzehen
1/2 Bund glatte Petersilie
3 EL Olivenöl extra vergine
2 EL Butter
frisch gemahlener Pfeffer
1 EL Zitronensaft

Die Bohnen putzen, 5 Minuten in kochendem Salzwasser blanchieren, in Eiswasser abschrecken und gut abtropfen lassen. Sardellen abspülen und trockentupfen. Knoblauch schälen. Petersilie abbrausen, trockentupfen und die Blättchen abzupfen. Sardellen, Knoblauch und Petersilie fein hacken und mischen.

In einer Pfanne Olivenöl mit der Butter erhitzen, die Sardellenmischung darin bei geringer Hitze 3–4 Minuten unter Rühren dünsten. Die Bohnen untermischen und 3–5 Minuten weiterschmoren, danach sollen die Bohnen gar sein, aber noch Biss haben. Mit Salz, Pfeffer und Zitronensaft würzen und servieren.

asparagi in salsa
spargel mit sardellensauce

1 kg Spargel (weiß oder grün)
Salz
1 TL Butter
1 Prise Zucker
3 hart gekochte Eier
2 EL Zitronensaft
80-100 ml Olivenöl extra vergine
4 Sardellenfilets
1 TL Kapern
frisch gemahlener Pfeffer

Ob Sie weißen oder grünen Spargel verwenden, ist Geschmacksache. Ich persönlich bevorzuge den etwas würzigeren grünen Spargel, den ich recht bissfest serviere.

Den Spargel schälen – weißen Spargel ganz, grünen nur im unteren Drittel – und die Enden abschneiden. In einem passend großen Topf Salzwasser mit Butter und Zucker zum Kochen bringen. Die Spargelstangen darin 10–20 Minuten garen (sie sollen noch Biss haben). Herausheben, abtropfen und abkühlen lassen.

In der Zwischenzeit die Eier pellen, halbieren und die Eigelbe durch ein Sieb streichen. Zitronensaft zugeben und so viel Olivenöl einrühren, dass eine flüssige Sauce entsteht. Sardellenfilets abspülen und trockentupfen. Sardellen, Kapern und Eiweiße sehr fein hacken und unter die Sauce mischen. Mit Salz und Pfeffer würzen, über den Spargel gießen und lauwarm servieren.

sardelle fritte
frittierte sardellen

500–600 g ganz frische Sardellen
Olivenöl zum Frittieren
Mehl
grobes Meersalz
Saft von 2 Zitronen

Die Sardellen vorbereiten: Dafür die Fische kurz unterhalb des Kopfes festhalten, dann den Kopf mit Daumen und Zeigefinger abdrehen. Dabei wird schon ein Teil der Innereien mit entfernt. Jetzt die Fische mit dem Daumen von der Kopfseite her öffnen und unter fließendem Wasser die übrigen Innereien entfernen. Zum Schluss vorsichtig die Mittelgräte herausziehen, dabei den Schwanz nicht mit entfernen. Sardellen in einem Sieb abtropfen lassen.
Reichlich Olivenöl zum Frittieren in einer schweren Pfanne mit hohem Rand erhitzen. Die abgetropften Fische in reichlich Mehl wenden (überschüssiges Mehl abklopfen) und im heißen Öl portionsweise goldbraun ausbacken. Mit der Schaumkelle herausheben und auf Küchenpapier abtropfen lassen. Die Sardellen auf Teller verteilen und mit grobem Meersalz und reichlich Zitronensaft würzen.

Eine köstliche kleine Knabberei, die garantiert nach Meer schmeckt! Ich persönlich bevorzuge die kleinen Sardellen, aber man kann auf die gleiche Weise auch Sardinen zubereiten. Die machen zwar etwas weniger Arbeit beim Ausnehmen, schmecken aber nicht ganz so fein.

gamberetti al forno
garnelen aus dem ofen

600 g rohe, ungeschälte
Garnelenschwänze
2 Knoblauchzehen
1 rote Peperoni
8 Cocktailtomaten
2 EL Butter
3 EL Olivenöl extra vergine
2 EL fein gehackte Kräuter
(z.B. Petersilie, Basilikum, Oregano)
Salz
frisch gemahlener weißer Pfeffer

Garnelenschwänze bis auf das letzte Glied schälen, so dass die Schwanzflosse erhalten bleibt. Am Rücken entlang aufschlitzen, vom Darm befreien, abspülen und trockentupfen. Knoblauch schälen und fein hacken. Peperoni von Stielansatz, Samen und Scheidewänden befreien und in Ringe schneiden. Tomaten halbieren und vom Stielansatz befreien.
Den Backofen auf 200 °C vorheizen. Butter und Öl in einer Pfanne erhitzen, die Garnelenschwänze darin von beiden Seiten kurz braten. Knoblauch, Peperoni und Kräuter zugeben und gut untermischen. Garnelen herausheben (Bratfett aufheben) und in eine passende Auflaufform füllen, Tomatenhälften zufügen, salzen und pfeffern. Im Backofen 8–10 Minuten garen, dabei hin und wieder mit dem Bratfett aus der Pfanne beträufeln. Die Garnelen direkt aus dem Ofen servieren.

Dazu italienisches Weißbrot zum Auftunken der köstlichen Sauce reichen. Wer es milder mag, lässt die Peperoni weg.

gamberetti fritti
frittierte garnelen

24 frische Garnelen
Olivenöl zum Frittieren
1 Ei
Salz
frisch gemahlener Pfeffer
Mehl
Zitronenachtel

Garnelen waschen, die Schwänze auslösen, am Rücken entlang aufschlitzen, vom Darm befreien und abtropfen lassen. In einer hohen Pfanne reichlich Olivenöl erhitzen. Das Ei mit Salz und Pfeffer verquirlen. Mehl in einen tiefen Teller geben. Die Garnelenschwänze darin wenden, dann durch das verquirlte Ei ziehen und im heißen Öl goldbraun frittieren. Kurz auf Küchenpapier abtropfen lassen und heiß servieren. Zitronenachtel dazu reichen und nach Belieben über den frittierten Garnelen auspressen.

Auf die gleiche Weise kann man auch Fischfilet-Häppchen, Tintenfischringe oder ganze kleine Kalmare zubereiten.

fritto misto di mare
ausgebackene gemischte meeresfrüchte

600 g gemischte Meeresfrüchte (evtl. TK, z.B. kleine küchenfertige Kalmare oder Tintenfischringe, Scampi, Miesmuschelfleisch, Jakobsmuschelfleisch, Seezungenfilet, Seeteufel, Sardinen)
neutrales Öl zum Frittieren
Mehl (oder Semmelbrösel) zum Panieren
Salz
Saft von 1 Zitrone

Die Meeresfrüchte (Kalmare, Tintenfischringe und Scampi sollten auf jeden Fall dabei sein!) wenn nötig auftauen lassen bzw. vorbereiten. Frische Kalmare behandeln, wie im Rezept für gefüllte Kalmare (S. 85) beschrieben. Fisch abbrausen, trockentupfen und in mundgerechte Stücke schneiden, von Sardinen Kopf, Innerein und Mittelgräte entfernen.
In einer großen Pfanne oder Fritteuse reichlich Öl sehr heiß werden lassen. Die vorbereiteten, gewaschenen und trockengetupften Meeresfrüchte in einer Schüssel mit Mehl (oder Semmelbröseln) gründlich vermischen, in ein Sieb geben und überschüssiges Mehl (oder Semmelbrösel) abschütteln. Im heißen Öl portionsweise goldgelb ausbacken. Herausheben, auf Küchenpapier abtropfen lassen, auf einer Platte anrichten und salzen. Heiß servieren und mit reichlich Zitronensaft beträufelt genießen.

calamari ripieni
gefüllte kalmare

8 frische Kalmare (Körperlänge ohne Tentakeln ca. 8-10 Zentimeter)
Salz
Saft von 1 Zitrone
4 Sardellenfilets
2 Knoblauchzehen
2-3 EL glatte Petersilie
2 Eier
4 EL Semmelbrösel
3 EL frisch geriebener milder Pecorino
2 EL Olivenöl extra vergine
frisch gemahlener Pfeffer
Olivenöl für die Form und zum Bepinseln
1 TL gehackte Rosmarinnadeln
Zitronenachtel

Die Kalmare putzen und vorbereiten, wie im Tipp beschrieben, die Mäntel beiseite legen. In einem Topf leicht gesalzenes Wasser mit dem Zitronensaft zum Kochen bringen. Die Tentakeln darin 10–15 Minuten garen, herausnehmen, abtropfen lassen, klein schneiden und in eine Schüssel geben. Sardellenfilets abbrausen, trockentupfen und fein hacken. Knoblauch schälen und hacken. Petersilie abbrausen, trockentupfen, die Blättchen abzupfen und fein schneiden.

Den Backofen auf 200 °C vorheizen. Eier, Semmelbrösel, Sardellenfilets, Knoblauch, Petersilie, Pecorino und Olivenöl zu den gehackten Tentakeln geben und gut vermischen, mit wenig Salz (die Sardellenfilets können schon sehr salzig sein) und Pfeffer würzen. Die gewaschenen Mäntel der Kalmare zu zwei Dritteln mit der Masse füllen. Die Öffnung mit einem Zahnstocher oder Küchengarn verschließen. Die gefüllten Kalmare nebeneinander in eine gut geölte Auflaufform legen. Rundum mit Olivenöl bepinseln, leicht salzen, pfeffern und die gehackte Rosmarinnadeln darüberstreuen. Im vorgeheizten Backofen ca. 30 Minuten garen, dabei einmal wenden. Etwas abkühlen lassen und mit Zitronenachteln servieren.

Wenn die Tintenfische zu prall gefüllt sind, können sie beim Garen platzen, da sie dabei etwas schrumpfen. Füllen Sie sie also nicht zu mehr als zwei Dritteln. Die Kalmare können auch gegrillt werden; dann müssen sie zwar öfter gewendet werden, sind aber schon nach ca. 15 Minuten fertig.

Wer keine küchenfertigen Kalmare bekommt, muss auf diese feine Vorspeise nicht verzichten, denn es ist nicht schwer, Kalmare vorzubereiten: Dazu nehmen Sie einen Kalmar am Mantel in die eine Hand und ziehen mit der anderen Hand die Tentakeln heraus, an denen auch die weichen Eingeweide hängen. Die Eingeweide mit den Augen abschneiden und wegwerfen. Das harte Kauwerkzeug im Zentrum der Tentakeln herausdrücken. Vom Mantel die dünne Haut abziehen und das feste Kalkblatt herauslösen. Innen gut waschen. Das war's; jetzt kann der Kalmar wie im Rezept beschrieben weiterverarbeitet werden.

calamari ripieni di funghi porcini
kalmare mit steinpilzfüllung

30 g getrocknete Steinpilze
3 Knoblauchzehen
4 mittelgroße Kalmare (Körperlänge ohne Tentakeln ca. 12 Zentimeter)
2–3 EL gehackte glatte Petersilie
3 EL Semmelbrösel
5 EL Olivenöl
Salz
frisch gemahlener Pfeffer
100 ml trockener Weißwein

Die Steinpilze in 1/2 Liter lauwarmem Wasser ca. 1/2 Stunde einweichen, dann herausnehmen, abspülen und abtropfen lassen. Das Einweichwasser in einen Topf filtern (durch einen Kaffeefilter oder Küchenpapier) und erhitzen. Die Pilze fein hacken, in das Einweichwasser geben und die Flüssigkeit bei mittlerer Hitze vollständig einkochen lassen. Knoblauch schälen und hacken.
Die Kalmare putzen und vorbereiten, wie im Rezept für gefüllte Kalmare auf S. 85 beschrieben. Die Mäntel beiseite legen, die Tentakeln fein hacken und mit Pilzen, Knoblauch, Petersilie, Semmelbröseln und 2 Esslöffeln Olivenöl gut vermischen. Die Masse kräftig mit Salz und Pfeffer würzen.
Die Mäntel der Kalmare zu maximal zwei Dritteln mit der Pilzmasse füllen – dabei wenigstens 1 Esslöffel Füllung zurückbehalten – und die Öffnungen mit Zahnstochern verschließen oder mit Küchengarn zunähen.
In einer Pfanne, in der die Kalmare gerade nebeneinander Platz haben, das restliche Olivenöl erhitzen. Die gefüllten Kalmare darin rundum braun anbraten. Den Weißwein angießen, die restliche Füllung einrühren, salzen, pfeffern und bei geschlossenem Deckel und kleinster Hitze ganz leise gar köcheln lassen. Je nach Größe und Dicke der Kalmare kann das 35–45 Minuten dauern. Dabei ab und zu wenden und, falls nötig, löffelweise Wasser ergänzen. Die Tintenfische sind gar, wenn sie sich beim vorsichtigen Anstechen mit der Gabel weich anfühlen.
Herausnehmen, einige Minuten ruhen lassen und dann in etwa 1 Zentimeter breite Scheiben schneiden. Diese auf einer Platte dachziegelartig anrichten.
Den Bratensatz aus der Pfanne mit 1–2 Esslöffeln Wasser loskochen, eventuelle Flüssigkeit vom Schneidebrett dazugeben und alles über die Kalmare gießen. Heiß servieren und frisches Baguette oder Ciabatta dazu reichen.

cozze al forno
überbackene miesmuscheln

1 kg frische Miesmuscheln
1/2 Bund glatte Petersilie
1/2 Bund Basilikum
2 Knoblauchzehen
8 EL Olivenöl extra vergine
6 EL Semmelbrösel
Salz
frisch gemahlener Pfeffer
5 EL frisch geriebener Parmesan oder Pecorino

Die Miesmuscheln sorgfältig unter fließendem kaltem Wasser abbürsten und von Bärten befreien, kaputte oder weit geöffnete Exemplare wegwerfen. Die verbliebenen Muscheln in einem großen Topf mit kochendem Wasser 5 Minuten garen, dabei gelegentlich rütteln, damit sich alle öffnen können. Abgießen und etwas abkühlen lassen. Die Muschelschalen vorsichtig auseinander brechen und die leeren Schalenhälften ebenso wie alle noch geschlossenen Exemplare wegwerfen.

Den Backofen auf 200–220 °C vorheizen. Petersilie und Basilikum abbrausen, trockentupfen, die Blättchen abzupfen und fein hacken. Knoblauch schälen und ebenfalls hacken. Petersilie, Basilikum, Knoblauch, Olivenöl und Semmelbrösel zu einer Paste verrühren, mit Salz und Pfeffer würzen. Die Muscheln mit jeweils etwa 1 Teelöffel dieser Paste belegen und mit der Schale nach unten nebeneinander in eine feuerfeste Form oder auf ein Backblech setzen. Mit dem Käse bestreuen und gut 10 Minuten im Backofen überbacken. Die Muscheln heiß servieren und frisches Weißbrot dazu reichen.

ostriche alla tarantina
gebackene austern nach art von tarent

1 kg grobes Meersalz
24 frische Austern
1 EL feine Semmelbrösel
1 EL fein gehackte glatte Petersilie
frisch gemahlener Pfeffer
3 EL Olivenöl extra vergine
Saft von 1/2 Zitrone

Den Backofen auf 250 °C vorheizen oder den Grill einschalten. Das Meersalz in eine große ofenfeste Form füllen, in der alle Austern nebeneinander Platz haben: Es dient dazu, den Muscheln festen Halt zu geben.
Die Austern mit einem Austernmesser vorsichtig öffnen und die unteren Hälften nebeneinander in das Salz setzen. Jede Auster mit 1 guten Prise Semmelbrösel und etwas gehackter Petersilie bestreuen, mit etwas Pfeffer übermahlen und mit einigen Tropfen Olivenöl beträufeln. Im vorgeheizten Backofen oder unter dem Grill auf der obersten Schiene in knapp 3 Minuten überbacken. Die Austern vor dem Servieren mit einigen Tropfen Zitronensaft beträufeln und sofort genießen.

Die Austernbänke von Tarent, ganz im Süden des italienischen Stiefels gelegen, sind seit dem Altertum berühmt. Auch wenn heute nur noch die wenigsten in Italien verzehrten Austern aus Tarent kommen, sind hier die meisten traditionellen Austernrezepte entstanden.

warme vorspeisen mit fleisch & fisch **89**

register
verzeichnis der rezepte

kalte vorspeisen mit gemüse & käse

Bruschetta al pomodoro	Tomaten-Bruschetta	10
Bruschetta con ricotta e prezzemolo fritto	Bruschetta mit Ricotta und frittierter Petersilie	10
Bruschetta con rucola e pomodoro	Bruschetta mit Rucola und Tomate	11
Crostini alle mandorle	Mandel-Crostini	12
Crostini neri	Crostini mit schwarzer Olivenpaste	12
Panzanella	Toskanischer Brotsalat	13
Caprese	Mozzarella mit Tomaten	14
Pinzimonio	Toskanische Rohkost	15
Melanzane alla menta	Auberginen mit Minze	16
Carote in agrodolce	Süß-saure Möhren	16
Peperoni marinati	Eingelegte Paprikaschoten	17
Zucchine marinate	Eingelegte Zucchinischeiben	18
Funghi misti	Gemischte Pilze	19
Cipolline marinate	Eingelegte Zwiebelchen	19
Insalata di funghi porcini I	Steinpilzsalat I	20
Insalata di funghi porcini II	Steinpilzsalat II	20
Ricotta all'olio	Ricotta mit Olivenöl	22
Pecorino con fave	Pecorino mit dicken Bohnen	22
Sedani al formaggio	Staudensellerie mit Käsedip	23
Pere con rucola e pecorino	Birne mit Rucola und Pecorino	23

kalte vorspeisen mit fleisch & fisch

Affettati	Aufschnitt	24
Bresaola	Bresaola	26
Prosciutto e fichi	Feigen mit Schinken	27
Crostini con carne cruda	Crostini mit Rindfleisch-Tatar	27
Carpaccio	Carpaccio	28
Salsa Carpaccio	Weiße Original-Carpacciosauce	29
Vitello tonnato	Kalbfleisch mit Thunfischsauce	30
Pâté di fegato alla veneziana	Leberpastete auf venezianische Art	31
Frittata ripiena	Gefülltes Omelett	32
Uova in salsa verde	Eier mit grüner Sauce	33
Insalata di tonno e fagioli	Thunfischsalat mit weißen Bohnen	34
Pâté di tonno	Thunfisch-Creme	34
Rotoli di melanzane	Auberginen-Thunfisch-Röllchen	35
Sarde in saor	Sardinen in Saor-Marinade	36
Crostini al salmone	Crostini mit Lachstatar	38
Pesce spada all'agro	Saurer Schwertfisch	39
Baccalà mantecato	Venezianisches Stockfischpüree	40
Bottarga coili	Sardische Vorspeise mit Bottarga	41
Gamberetti all'olio e limone	Garnelen mit Olivenöl und Zitronensaft	42
Insalata di polpo	Oktopussalat	43

register 91

warme vorspeisen mit gemüse & käse

Melanzane alla griglia	Gegrillte Auberginen	46
Caponata	Auberginen süß-sauer	47
Spiedini di verdure alla griglia	Gegrillte Gemüsespießchen	48
Pomodori fritti	Frittierte Tomaten	48
Funghi trifolati	Champignons mit Knoblauch und Petersilie	49
Cannellini con olio	Feine weiße Bohnen mit Olivenöl	50
Fave alla romana	Dicke Bohnen auf römische Art	51
Bietole alla romana	Mangold auf römische Art	52
Radicchio di Treviso al forno	Radicchio di Treviso aus dem Ofen	53
Carciofi alla romana	Artischocken auf römische Art	54
Carciofi alla giudea	Artischocken auf jüdische Art	55
Scorzonera fritta	Frittierte Schwarzwurzeln	56
Asparagi al forno	Überbackener Spargel	57
Pomodori ripieni I	Gefüllte Tomaten I	58
Pomodori ripieni II	Gefüllte Tomaten II	58
Cappelle di funghi ripiene al forno	Gefüllte Champignons aus dem Ofen	59
Fiori di zucchine ripieni	Gefüllte Zucchiniblüten	60
Bruschetta con uova e spinaci	Bruschetta mit Ei und Spinat	62
Bruschetta di caprino e noci	Bruschetta mit Ziegenkäse und Walnüssen	62
Frittata con cipolle	Omelett mit Zwiebeln	63
Frittata con fiori di zucca	Zucchiniblüten-Omelett	64
Mozzarella impanata	Panierter Mozzarella	65
Mozzarella in carrozza	Mozzarella in der Kutsche	65
Fonduta	Piemonteser Käsefondue	66
Flan al parmigiano	Parmesanflan	67

warme vorspeisen mit fleisch & fisch

Zucchine ripiene	Gefüllte Zucchini	70
Cipolle ripiene	Gefüllte Zwiebeln	71
Olive ripiene	Gefüllte Oliven	72
Arancini di riso	Frittierte Reiskugeln	73
Le polpettine dei bacari	Venezianische Fleischklößchen	74
Arrosticini abruzzesi	Marinierte Lammspießchen	75
Crostini di fegato	Crostini mit Leberpastete	76
Bagna caôda	Piemonteser Gemüsefondue mit Sardellendip	77
Fave in salsa	Dicke Bohnen in Sardellensauce	78
Fagiolini alla genovese	Grüne Bohnen Genueser Art	79
Asparagi in salsa	Spargel mit Sardellensauce	80
Sardelle fritte	Frittierte Sardellen	81
Gamberetti al forno	Garnelen aus dem Ofen	82
Gamberetti fritti	Frittierte Garnelen	83
Fritto misto di mare	Ausgebackene gemischte Meeresfrüchte	84
Calamari ripieni	Gefüllte Kalmare	85
Calamari ripieni di funghi porcini	Kalmare mit Steinpilzfüllung	86
Cozze al forno	Überbackene Miesmuscheln	87
Ostriche alla tarantina	Gebackene Austern nach Art von Tarent	88